專家級實例解密，從內容策略、
聽眾定位到主持風格，
量身打造你的No.1人氣節目！

Podcast
超級養成術

師父領過門修行在個人

我是傳播媒體時代的新聞人，大學時期讀了一所沒有新聞系的學校——台大。但我從高中開始就喜歡寫作，也夢想有一天，文章可以白紙黑字的出現在報紙上。所以，當我進入台大法律系後，就迫不及待地參加系上的刊物編輯工作。

雖然是小小的系刊，油印幾十份，可是看到自己的拙文刊出，卻令我快樂的無以言喻。

難怪傳播學大師麥克魯漢（McLuhan）要說：「媒介是人的延伸！」從大一系刊編輯的養成，大二有機會成為台大學生報《？？會訊》總主筆，大三作為發行人兼管《台大青年》新誌。這些歷練使我一步步成為新聞專業人，幫助我一畢業就進入《聯合報系》擔任撰述委員，三年後獲聘《中國時報》社論主筆。

因此，我的媒體經驗不是來自新聞傳播的科系，而是強烈的學習動機。這種心理，無論是在傳統媒體或數位媒體時代，都是成為傳播人的重要動能。

2021 年春，我的昔日學生，Now News 董事長黃群仁和我喝咖啡時，聊到 Podcast 風潮。基於好奇，我對他說：「我們老狗也可以學新把戲，來試試吧？」

於是十三集的「財富老司機」就在 Now News 的平台上架了。就點閱率來說這節目不算很好。但對我而言，已經很滿意了，因爲學了很多 Podcast 的技巧，而且累積的聽衆也不少。

很可惜，那時不知道黃采瑛博士和徐也翔博士寫 Podcast 的小百科（手冊），否則節目應該做的更專業，傳播效果更好。

黃采瑛是我指導的博士生，她有多年廣播實務經驗及傑出的表現。同時又攻讀到傳播博士，可謂是理論與實踐皆優的傳播菁英，由她做師父（Master），提供有心從事 Podcast 的朋友實作的指南，相信可以減少試誤（fail and error）的成本。

但是，就如我的媒體生涯之體驗，「師父領過門，修行在個人」，再好的「游泳大全」，也要下水去游，才能成爲「浪裡白條」！

彭懷恩

（世新大學新聞系兼任客座教授、Podcast《財富老司機》主持人）

說 Podcast 故事探 Podcaster 前途

1987 年台灣解除報禁，開新聞自由暨言論自由大門。當時我任《中國時報》駐紐約特派員，夏末初秋，余紀忠董事長調我回台北充實人力，翌年年底接任總編輯，並獲准比照公務員每周在大學兼課四小時，俾助於教學相長。

自此先後在台大新聞研究所、台師大社教系新聞組等校講授傳播相關課程，最近在世新大學新聞系任教。三十多年間，粗估選課大學生及碩士生約 2000 人，生源眾多、出路多元，但從事廣播業者稀少，而像世新大學畢業的黃采瑛博士，致力 Podcast 社群媒體的研究發展及實務推廣，是我學生群中的唯一。

今黃博士與年輕的 Podcaster 徐也翔老師合作，出版探討 Podcast 傳播新世界的新書《Podcast 超級養成術：專家級實例解密，從內容策略、聽眾定位到主持風格，量身打造你的 No.1 人氣節目！》，希望我寫篇序共襄盛舉。我不太願意承認這兩位新世代傳播工作者是「問道於盲」，但在二十八年前，即 1994 年的九一記者節時，我在《中國時報》發表了一

篇三天連載的「衝擊報業的第三波——資訊高速公路」長文，不得不「坦白從寬」，對已在資訊高速公路馳騁一段時間的優質聲音媒體 Podcast，是應該要有更深、更廣、更好的認識了。易言之，此篇序文的寫作其實是我學習的機會。

根據權威的「牛津詞典」所下定義，Podcast 是指「以數位格式儲存的電台節目（radio programme），可以從網際網路下載，並在電腦或 MP3 播放機上播出。」簡明敍述卻點出 Podcast、電台、網際網路及電腦四個關鍵字，讓受眾了解，Podcast 出自於廣播電台族群，但它結合了網路、電腦和 MP3 的傳播神威，而與傳統廣播有著明顯的差異。不過人類往往熱中於尋根認祖，Podcast 要發展更輝煌的傳播功效，不妨先回顧廣播的美好歲月及其轉折，或可從轉折之悲喜哀樂得到啟發或警示。

在美國，無線電通訊——初始被稱爲「無線電報」，最早於 1880 年代被開發出來，但因受層層限制，最初二十幾年只能發送摩斯電碼。然而，就像加拿大傳播學大師麥克魯漢所說的，任何可以推動地球村（global village）成型的傳播載具，你是無法阻止它發展的。二十世紀降臨後，廣播媒體發展的世道很被看好。不少人期待廣播能早日發揮無遠弗屆、成熟而巨大的傳播效能。

經過 20 世紀開頭二十年廣播技術突飛猛進的發展，據美國媒介經濟學家的統計，收音機（廣播）以新秀之姿，只花了三十八年的時程就累積了 5000 萬用戶數，達到經濟學「臨界大眾」（critical mass）的效能。在此之前的美國報業則是花了五十年時間達到此數，雜誌更花了八十年才累積了 5000 萬訂戶。

　　也就是說，身為首種電子大眾傳播工具，廣播電台自 1920 年代初期就成為對全國受眾傳播一般新聞、娛樂節目、商業訊息及生活情報的媒體，加上其後有聲電影（代表性巨星是從無聲電影到有聲的卓別林）的推出，報紙在大眾傳播領域接近「寡頭壟斷」的地位就會被打破了。

　　然而，我們常用到形容社會變遷的「推陳出新」、「時移事遷」兩個成語，也可形容廣播的興衰。廣播成為「承載聲音平台」的寵兒不過三十年，1950 年代初，電視在美國興起，糾集聲音、影像及其他助興的元素於一片銀幕上，自然更能滿足受眾的受播趣味。電視媒體十三年就吸引了 5,000 萬的臨界大眾，堂而皇之取代了廣播電台在傳播上的寵兒地位。不過，電視也無法高興得太久。經過四十多年，21 世紀來臨之前，網際網路只花了二至三年的時間就聚集了「臨界大眾」5,000 萬的網民數。電視工作者近年來更是處於外在深度的焦慮中，而且年復一年、日復一日。

好了，媒體的「受寵史」就講到此。不然采瑛好像又要回到當年在世新碩士班選修我的「當代傳播問題」或「新聞與資訊全球流通下」的上課歲月了。借用一些數據資訊，我在此給廣播把個脈，希望能夠給予廣播系出同源的 Podcast 做個參考。廣播邊緣化了嗎？它變成小眾（或說分眾）媒介了嗎？年輕人不聽廣播了嗎？也許有一定程度的事實，但起碼全球大部分地區的廣播媒體還存在著，在某些情況下還活得不錯呢。

以全球廣播產業最發達的美國為例，在傳統媒體舉步維艱的時代，廣播聽眾人數並沒有明顯的減少，從 2015 年皮尤研究中心發布的調查結果顯示，12 歲以上的美國民眾每周有收聽廣播的比率仍達 91 %，和二十一世紀初相仿，這對廣播工作者已頗具鼓舞作用，只要聽眾還在，有關「注意力經濟時代」的量化指標就值得繼續努力爭取。

更具鼓勵價值的是，除了比較傳統的「有沒有收聽？」、「誰在收聽？」的廣播媒體調查項目之外，「如何收聽？」的調查更能探究數碼科技對廣播業的影響，也是皮尤研究中心及阿畢川（Arbitron）、尼爾森音訊調查公司（Nielsen audio）、「創新媒體測量聯盟」（Coalition for Innovative Media Measurement）、愛迪生（Edison Research）等美國廣

播收聽率調查公司積極重視的調查重點。他們在「如何跨媒體收聽」的調查上發現，美國廣播業在網路時代「發展迅猛」，除傳統的調幅／調頻廣播仍努力堅守崗位已如上述，其他各類音頻媒體，包括衛星廣播、數碼廣播、網路廣播、手機廣播及 Podcast 都成為活躍的「承載聲音的傳播平台」，活躍情況可用「同台競技、各顯形容」八個字來形容。

其中，Podcast 的出現和興盛是近年來廣播業的異軍突起，深具「突破性創新」特色，黃采瑛博士在作者序中形容它是擴散速度極快、展現年輕人新世界的「液態新媒體」，相當貼切且傳神。另位作者徐也翔老師則強調 Podcast 以靈活多元的取向，讓人人都能發聲，也彰顯了此新媒體的時代意義。

徐老師感慨過去台灣很多人投入網路廣播的經營，但「受限於外在環境和民眾使用行為的因素」來發展其具體規模。我卻相信，初具規模的 Podcast 如能本著初生之犢不畏虎的精神，奮勇向前、創新精進，前途將不可限量。美國 Podcast 於 2020 年強勢崛起，市場成長近 150%，創下一波高峰。台灣 2021 年 1 月 Podcast 下載量比前一年同期成長 579 倍，是一種「爆炸性」的成長。市場起起伏伏，「聲音經濟」如 Podcast 之推動，要維持穩健持續發展，需靠越來越多的

Podcast 共同努力、積極耕耘。我對台灣 Podcast 正向前途的期許，是基於 Podcaster 工作者不乏優秀之士，如本書兩位作者，願意依本身經驗，知無不言、言無不盡，告知有興趣及熱忱投入 Podcast 行列者，如何入行，又如何才能出類拔萃；他們提醒 Podcaster，請神燈前，記得先摩擦，更是肺腑之言：禮物不會憑空從天上掉下來，節目上線之前，必須做好萬能準備。當然，全書也告訴閱聽人為何要聽 Podcast？如何選擇？又如何聽？在在顯示作者的誠心。

因此，筆者以資深媒體工作者之一分子，誠心推薦這本暢述 Podcast 故事，同時探究 Podcaster 前途的新著。

黃肇松

（作者為資深媒體工作者，現任世新大學新聞系兼任客座教授）

液態世界的來臨——
資深廣播人也難跨越的新世界

　　因為一次美好的緣分，與慧質蘭心的陳姿穎副主編相遇。我們同樣樂見當前 Podcast 在台灣發達的現況，讓更多人訴說出屬於自己的好故事！但卻也為很多試圖開創新節目的 Podcaster 鎩羽而歸，感到惋惜！陣亡在 Podcast 界裡的，不乏許多資深廣播人！以 Apple Podcast 公布的 2020 年排行榜為例，能夠擠進前兩百名的電台節目少之又少！廣播人出身，擠進前二十名的主持人，更是除了百靈果與馬克信箱之外，再無蹤影！就連直播好手視網膜、星期天都被灌以負評而停播！

　　於是，我們迫切希望能夠用最短的時間，出一本屬於台灣人自己的 Podcast 書籍，期望能協助更多朋友一起努力！

　　因此，我邀請了文化大學資訊傳播學系兼任助理教授徐也翔共同幫忙。感謝他在百忙之中，仍以最短的時間，完成了各部分的「國內外知名 Podcaster 成功心法」，讓我們更深入且多元地探看 Podcast 界運作的實務面貌。

究其各大家，即便已熟透廣播／直播生態，仍慘遭滑鐵盧。我認爲波蘭思想家 Bauman 提出的「液態現代性」，對於從傳統廣播到現代 Podcast 的轉變，能做一充分的說明，亦即**這個世界正在轉變！視覺世界與聽覺世界仍是兩個不同的世界！**

　　若不能從世界改變的觀點來了解 Podcast，或忽略了視覺與聽覺本屬兩個不同世界。那麼，我們終將難以眞正進入 Podcast 領域！因爲，它並不是「這個地球多了一種不同的傳播工具」這麼簡單的問題！它的實質內涵是「年輕人形成的新世界」正逐步上映！

　　這個全新的世界，正如同 Bauman 所言，是液態的。它思想擴散的速度相當快，但它的無邊無際、毫不穩定，也讓現代人感到更茫然、更不安穩、更需要有人陪伴！但誰能常伴左右呢？在台灣，每個人都異常忙碌，能時時出現的，已變成在身旁的直播主、Podcaster。每當你與他互動，他也會用力向你說聲 Hi！

　　擁有強烈渴望、溝通欲望的人類，不再需要遙不可及的偶像。我們想要的，是親切、陪伴我們的夥伴。我們需要的是一個陪伴左右的凡人。同時，他是位社會觀察家，還大方的讓我們看到他的生活（一種類實境的眞實）。所以，誠懇

變得比名譽頭銜更重要！我們希望他能夠以一種更接地氣、更互動的方式，與我們交談、共度生活，而不是高高在上的指導。因為，流動的自身、生活的茫茫然，促使我們渴求更多的歸屬感（在一起的感覺）。

在洞悉了這樣的世界觀後，再回到 Podcast 製作，其實我們不是為了顯擺自己、教導他人，而是創作了節目。希望與更多人成為朋友，大家一起面對生活困境，彼此分享所學，開創了一個新的園地。

以前，曾聽一位教授說過：「人生就像在揀珍珠，也許當下你覺得走錯了路、或是不知道自己為什麼在這條路上？又或是時運不濟把你逼向了一條你根本不愛的道路，甚至感到無路可走。但只要用心當下，把每一個時刻用心經營，就像拾得一顆珍珠。等到年歲漸長，有一天走著、走著，你會發現：『哇！原來手上蒐集來的珍珠，已能變成一條美麗的珍珠項鍊！』多美啊！」

現在，我們更幸福了！我們一樣在揀珍珠，但是在 Podcast 世界裡，與廣大的老朋友、新朋友一同分享。所以，我們可以更快地完成珍珠項鍊，彼此分享共織的美好！

我格外感謝生命中出現的貴人們，與拿起這本書的你！

感謝我的親友與生命中的貴人，教我如何拾珠。你們的智慧與愛護，讓我獲得許多寶貴的養分與能量。感謝拿起這本書的你，讓我有機會與你對談、互動，一起挖掘更多的人生珠寶！我願盡我所能，將一些經驗之珠分享出去。本書的稿費，將以我父親黃遠宏的名義，全數捐給愛盲基金會。願大家都能在聲音的世界裡，共同尋寶！現在，準備好與我一塊揀珍珠了嗎？

黃采瑛 謹識

於台北市文山區喵吱街 2021 年 3 月 7 日

閃耀新星 Podcast
為聲音產業注入活力

　　早在過去就已經有網路廣播的出現，當時台灣很多人都曾嘗試投入經營這塊領域，然而受限於外在環境和民眾使用行為的因素，並未發展成具體的規模；隨著社群網路的興起，展演方式更具彈性的 Podcast 因應而生，相較於傳統廣播強調正經八百的形式，改以靈活多元的取向，且人人都能發聲的特質，正好符合這個時代媒體使用的特性，自然也就不意外的能在現今五花八門的網路媒體中占有一席之地，尤其是 Podcast 只要錄製聲音、設計音效即可，無須耗費過多技術、資源來拍攝、剪輯影片，進入門檻較低，預計仍將火紅好一陣子。

　　然而，說得簡單，真的要做起來可沒有想像中的容易。錄製聲音上傳節目確實方便，但是要做出一檔好的、受歡迎的 Podcast 節目卻不是那麼輕易就可以達成的，尤其是想要從其中獲取利益、做得長久更是困難重重，而這也是寫作本書時的初衷，希望能協助有興趣想製作 Podcast 節目的人順利地進入這個領域，減低開始投入時容易遇到的困難，得以一窺這個殿堂，並在其中能優游自得、盡情發揮。

回想當時，這本書眞的是來得很突然，承蒙出版社的厚愛，希望我們能在最短的時間內完成，儘管當時行事曆都安排得差不多了，但是仍毅然決然的接下這個挑戰，而這個突如其來的任務，讓我只能手忙腳亂的應付著，寫作期間經歷的波折眞是一言難盡，生活中的壓力也大幅增加，在百忙之中總是一直要想辦法抓出時間寫點東西，每天都是想著如何能把書寫到最好，讓內容能更加完備，感覺這段書寫的旅程彷彿沒有結束的盡頭般。

　　所幸有采瑛在旁邊的支持，當逢瓶頸時能夠指點我寫作的方向，遇到困難時能夠適時的給予我鼓勵，才能讓點滴的內容逐漸匯流成百川；感激彭懷恩老師的協助，期間智庫運作所面臨的一些挑戰都得以安然度過；當然，這本書能夠完成，還是要歸功於過去與現在曾給予指導的每位師長及先進們；另外，感謝「晴川禾悅 Villa」民宿的老闆及老闆娘貼心的招待，讓這段閉關的時間能夠心無旁鶩寫作；還要謝謝在許多寧靜的深夜當中，還在網路上陪伴我熬夜埋頭筆耕的每個人。

　　謹以此書，獻給在天上的外婆及慈父。

徐也翔 謹識

於台北市瑞安街 2021 年 3 月 7 日

目錄

第 1 部分 · 我有話要說

第 2 部分 · 誰在聽你說

第 1 部分

我有話要說

Podcaster 百百種，

找對自己拿手又喜歡的主題素材，

才有可能在這片新天地裡，掙得長久之地！

1-1)))

你做什麼樣的 Podcast 容易上手？

▶ 找尋你最常留意的訊息類型

首先，請閱讀以下各題，如認為該題為正確，則將該題題後建議的字母，在表 1 中打○，最終計算哪一類的字母為最多。如第 1 題，若認為其敘述正確，則在表 1 中將（A）、（B）、（C）、（E）、（H）選項都打○，例：

題數	選項							
	A	B	C	D	E	F	G	H
1	○	○	○	○	○	○	○	○

則該題共獲得 A、B、C、E、H 各一個。

1. 韓國觀光公社在台灣設立觀光文化體驗中心，藉由「偽出國景點」，在 COVID-19 疫情期間製造旅遊話題。Ⓐ Ⓑ Ⓒ Ⓔ Ⓗ

2. 2021 年台灣文化部推出 Art Connect 藝文連線 Podcast 英文節目，邀請東南亞各國藝術家分享疫情對生態的影響，拉近藝術與社會距離；台中國家歌劇院推 WOW 挖藝術 Podcast 節目，帶動藝文分享。Ⓑ Ⓒ Ⓔ Ⓗ

3. 電腦最難模擬的人體感官功能是嗅覺與味覺。Ⓒ Ⓓ Ⓗ

4. 2020 年 NCC 抽查台灣 10 大品牌手機資安，只有一家沒過關！Ⓑ Ⓓ Ⓗ

5. 台灣本土 Podcast 平台 SoundOn 2021 年年底宣布由 Kollective Ventures 與 Turn Capital 收購。Ⓑ Ⓓ Ⓔ Ⓗ

6. 2021 年過農曆新年前 KKBOX 推出「過年前！居家整理術」、「學完就用！過年溝通術」以及「過年部署！你準備好了嗎？」等與過年有關的 Podcast 主題策展。Ⓕ Ⓗ

7. 關係心理學指出「我們對於曾經用心愛過的人，不管和對方分開多久都還是在意：前任有交往對象了！」Ⓖ Ⓗ

8. 2012 年台灣電影《賽德克‧巴萊》曾入選奧斯卡金像獎初選短名單。Ⓑ Ⓗ

表1

題數	選項							
	A	B	C	D	E	F	G	H
1								
2								
3								
4								
5								
6								
7								
8								
總計								

以上敘述，皆為正確答案。這些都是生活中的新聞，也是 Podcast 界的大事。而（A）到（H）的選項則對應當前 Podcast 內容的幾種類型。事實上，這些題目都同時包含了多種 Podcast 的內容類型，符合實際運作時的情況，談話內容無法準確分類，僅能囊括出大致偏向。

若你的某一選項較高，代表那一類的訊息較常被你注意，或你較能輕易的記住該類訊息，亦即你的專長知識領域多半在此。

Ⓐ 國內外旅行趣聞、旅遊觀點

關於旅行的大小事，從行前準備、打卡拍照景點、私境探險到參與當地的民俗風情文化禮儀，都是你平日的最愛話題。世界，由你來嚮導！

Ⓑ 國內外新聞時事、文化觀點

唯恐資訊落於人後，對於國內或國外的各項新聞新知都能一手掌握，並且熱愛看時事評論、探討各式觀點！名副其實的資訊達人！

Ⓒ 社會文化、人生體會

社會觀察家就屬你這類！平日喜愛與人對話，感受生活文化，熱愛人與人的互動溫暖，愛聽長輩當年勇、樂於分享生活事！

Ⓓ 3C 科技和新知趨勢

5G 世界佼佼者！AR、VR 任你遊！探頭看電腦，低頭滑平板，轉頭顧電商，側身玩電競！要想知道科技的最新發展，問你比問手機行還快！

Ⓔ 創業投資與品牌行銷

金牛翻身，投資到位！看準牛市，大發利市！勇於從零開始，能將 0 轉爲 8（發），晉升爲 ∞（無限），就屬你最行！現代版的符號專家，創造神話絕佳！

Ⓕ 自我成長、溫故知新

終極一生，生生不息；學而知智，習藝專精！對你而言，最棒的復仇是進步；最好的禮物是茁壯！戰勝自我的生命勇士，學習不過小 Case！

Ⓖ 心靈禪修、專業心療

善於傾聽，激發人心！心理諮商，過人情商！你的話語總能溫和受傷的心靈，讓脆弱的變堅強，激動的變平靜。與你交談，沒有毋湯，只有雞湯！

Ⓗ 休閒影音與生活雜談

上知天文，下知地理；可以談錢，也可以談情。這一選

項是唯一一個在每一題中，都可看到的選項字母。說明了你正是被耽誤的名嘴雜家！

由以上選項，可知你的專長知識領域較傾向何方。不過，專長並無法點燃熱情！要點燃熱情，還是得請出火引子「興趣」才是！這後面會再詳談。

▶ Podcast 的全新走向和發展

現在，我想請你再看一下剛剛的題目，因為它正說明了 Podcast 在 2021 年之後，全新的走向與發展方向：

從韓國觀光公社在台灣創造的「偽出國」體驗、2020 年 NCC 對台灣國內外手機品牌的資安抽查，到文化部推出 Art Connect 藝文連線，邀請東南亞各國藝術家分享疫情觀察。我們可以看出，各國之間越來越緊密相連的文化體驗與對談，各式各樣的國際資訊，已很難在我國與他國間區分出界線。

由此觀之，Podcast 裡的世界版圖觀，更是廣闊無垠、無邊無際。

● Point

這也就是為什麼 Podcast 內容最大的特色，即是：**不分國界！包羅萬象！**

然而，台灣原生的 SoundOn 被 Kollective Ventures 與 Turn Capital 收購的新聞，卻也在這看似機會無限的世界，提醒了我們 Podcast 即將遇見的危機！

Turn Capital 隸屬於 17 LIVE 共同創辦人兼榮譽董事長潘杰賢。2015 年 17 直播（17 Media）成立，一推出即吸引許多藝人及網紅使用，三個月內已有 220 萬個使用者，曾為台灣、香港、星馬、印尼和美國免費下載第一名的直播 App。2020 年 6 月，17 直播應用程式與以大數據運算直播主是否熱銷的 17 Media 皆改名為「17LIVE」。如今，擁有豐富運營直播產業的創辦人潘杰賢與 Kollective Ventures 共同收購 SoundOn。其實，SoundOn 創辦人顧立楷正是看到 Podcast 產業至今的兩大痛點，才毅然決然將如若親生兒的公司賣出。

究其 Podcast 目前面臨的風險，就是 **Podcast 的社群互動性其實相當低弱**，根本沒辦法讓創作者與聽眾直接即刻互動。除此之外，**Podcast 變現的商業模式相當脆弱且高度不穩定**。基本上僅有前十名的 Podcaster 可以獲得業配，創造出可觀的現金流。但是，大多數 Podcaster 根本沒有相同的資源，無法單靠經營 Podcast 賺錢。

　　因此，新加坡投資顧問公司 Kollective Ventures，與在直播社群產業戰果輝煌的潘杰賢共同收購 SoundOn 的情況下，可視為是台灣 Podcast 聲音產業將要邁入下一階段的契機。也難怪這次的收購案例，被商周譽為「意味著台灣聲音產業的新紀元」。

　　接下來，讓我們一塊來看看，你對 Podcast 節目的製作興趣會偏向哪一個部分呢？

1-2))

你做什麼樣的 Podcast 會愛不釋手？

▶ 找到你最喜歡的訊息類型

以下兩大題請分題作答：以下你個人最喜歡談論哪一類的話題？將該題後建議的字母記下，最終計算哪一類的字母為最多。

你最喜歡談論的話題	
1. 社會與文化	Ⓒ
2. 新聞時事與政治	Ⓑ
3. 娛樂八卦與喜劇搞笑	Ⓗ
4. 我成長與生活經驗	Ⓕ
5. 流行與藝術	ⒶⒷⒽ
6. 商業財經	Ⓔ
7. 3C 科技	Ⓓ

8. 生活風格⋯⋯⋯⋯⋯⋯⋯⋯⋯⋯⋯⋯⋯⋯⋯Ⓐ Ⓗ

9. 教育與家庭⋯⋯⋯⋯⋯⋯⋯⋯⋯⋯⋯⋯⋯⋯⋯Ⓕ

10. 故事／戲劇⋯⋯⋯⋯⋯⋯⋯⋯⋯⋯⋯Ⓐ Ⓒ Ⓕ Ⓗ

11. 體育賽事⋯⋯⋯⋯⋯⋯⋯⋯⋯⋯⋯⋯⋯⋯Ⓑ Ⓗ

12. 運動與健康⋯⋯⋯⋯⋯⋯⋯⋯⋯⋯⋯⋯Ⓑ Ⓗ

13. 宗教與靈性⋯⋯⋯⋯⋯⋯⋯⋯⋯⋯⋯⋯⋯⋯Ⓖ

話題的類型

Ⓐ 國內外旅行趣聞及旅遊觀點

Ⓑ 國內外新聞時事及文化觀點

Ⓒ 社會文化及人生體會

Ⓓ 3C 科技新知趨勢

Ⓔ 創業投資與品牌行銷

Ⓕ 自我成長

Ⓖ 心靈禪修或專業心療

Ⓗ 休閒影音與生活雜談

最後統計：

	A	B	C	D	E	F	G	H
數量								

　　例如最喜歡談論的話題是（5）流行與藝術，則代表你對於（A）國內外旅行趣聞及旅遊觀點、（B）國內外新聞時事及文化觀點、（H）休閒影音與生活雜談類型的內容最感興趣。若有兩個同樣喜歡，無法取捨的選項，如同時最愛（5）流行與藝術與（10）故事／戲劇，則將「（5）流行與藝術」後的（A）（B）（H）＋「（8）生活風格」（A）（H），最終會得到2個（A）、2個（H）以及1個（B）。則代表你對（A）國內外旅行趣聞及旅遊觀點、（H）休閒影音與生活雜談類型的內容最感興趣。

　　值得一提的是，這些皆為 Apple Podcast 上各節目所設定之主類別受聽眾喜歡程度的排名順序。其中最受歡迎的列為第一點，即社會與文化；受青睞程度最低的則列為最後一點，第十三點，即宗教與靈性。

　　最奇特的是，受到聽眾喜愛類型的節目，在 Podcast 中卻

不一定出現的最多。有時，甚至出現大量的不足。例如，「新聞時事與政治」在 Apple Podcast 中，是聽眾偏好排名的第二名，但在整體節目占比排名中屈居第八名。同樣的，「自我成長與生活經驗」在 Apple Podcast 中，是聽眾偏好排名的第四名，但在整體節目占比排名中竟排到了第十名。可見，「新聞時事與政治」和「自我成長與生活經驗」仍有龐大的市場有待開發。

換句話說，Podcast 節目中最欠缺的，就是 Podcaster 個人觀點（新聞時事與政治）與經驗（自我成長與生活經驗）的分享！這正是鼓勵個人勇於說出自己故事的時代！

不過，還是建議你在開始製作前，至少先聽聽看本書「國內外知名 Podcaster 成功心法」所介紹的節目。畢竟知己知彼，百戰不殆嘛！

以下節目，無論你是否聽過，請問你最喜歡哪一個內容呢？藉由你的選擇，也能看出若想創作 Podcast 節目時，什麼樣的內容能夠讓你一直感興趣的聊下去！

❶ 瑞典劉先生

以前是高雄劉先生，現在是瑞典劉先生，自評節目是「專門破壞你對瑞典美好想像的節目，以本地刁民的個人觀察帶你認識這個奇妙的北歐國家。」

❷ 東京模樣．張維中

為台灣人，早稻田大學日本語別科、東京設計專門學校畢業，著作《東京模樣：東京潛規則，那些生活裡微小卻重要的事》。聊他在東京觀察到的生活、文化、旅行、美食與人物。

❸ 萌萌站起來

自稱「沒讀書的科技渣男整天只會閒聊」，創作出號稱全台最 kiang 的 Podcast：「不太科技、不夠新創、沒有世界觀、每個星期從美國帶回來的二手消息；上班前、下班後，用最政治不正確的方式聊給你聽。」

❹ 報導者

台灣獨立媒體《報導者》用 Podcast 做深度調查報導，將節目拆分為三個單元：「去現場、記者給你當、你要為什麼？」用聲音傳遞採訪內容或故事。

❺ 馬力歐陪你喝一杯

關鍵評論網 The News Lens 的內容總監暨共同創辦人楊士範（馬力歐）製作的「人物深度專訪」節目，呈現出不同專業領域者的人生故事。

⑥ 唐陽雞酒屋

星座專家唐綺陽（舊藝名唐立淇）透過解析聽眾的星盤，分享人生故事。

⑦ 科技島讀

科技島讀創辦人 Micahel 周欽華結合科技、創業、商業等深度議題，分析新科技的未來走向。

⑧ 科技酷宅

談論新鮮好玩的 3C 產品、科技與網路時事等話題。目標是要與聽眾一起「玩玩科技、品味生活」。

⑨ TK Talk 創投觀點

由 TK 陳泰谷（達盈管顧駐點創業家，亦是群募 2.0 Fansi 平台創辦人）主持。在節目中，主持人藉由自身經歷暢談創業甘苦與創業盲點。

⑩ 星箭廣播

主題為「科技」和「創新故事」。藉由節目邀請聽眾「一起探索科技和創新的邊界」！

⑪ **文學嚼一錠**

由正聲電台主持人蔣明志主持，分享詩詞小說散文等書籍，安排朗誦、書評，邀請聽眾進入文學的世界。

⑫ **佐編茶水間**

Zoey 是視覺設計師、專欄作家和旅遊愛好者。從生活、職場、心理到追求人生夢想的方向，引起上班族產生共鳴。

⑬ **哇賽心理學**

透過理論與科學研究來談心理學，包含：生活事件、司法心理學。

⑭ **鄭淳予的深夜播客**

鄭淳予是腦神經科臨床醫師和腦科學博士，用自己的專長聊睡眠科學、ASMR 聽覺療癒的相關話題。

⑮ **感官一條通**

主持人小樹是多屆金曲及金音獎評審，現為 The Big Issue 樂評、StreetVoice 音樂頻道總監。本節目號稱「透過不同感官相關的職人故事，撫慰忙碌城市人的心。讓疲勞的感官獲得慰藉」。

⓰ 彼岸薄荷

該節目從創業、藝術、生活、感情、社會價值觀，聊到工作等各種日常生活的「微時事」。

以下各類，哪一項是你的興趣所在呢？也許你會發現，你的專長與興趣傾向一致，代表你所擅長的，亦正是你所熱衷的！全天下沒有比這更讓人開心的事了！這代表了你的 Podcast「天命」已定。

國內外旅行趣聞、旅遊觀點	❶ 瑞典劉先生 ❷ 東京模樣・張維中
國內外新聞時事、文化觀點	❸ 萌萌站起來 ❹ 報導者
社會文化、人生觀點	❺ 馬力歐陪你喝一杯 ❻ 唐陽雞酒屋
3C 科技新知與趨勢	❼ 科技島讀 ❽ 科技酷宅
行銷品牌、創業投資	❾ TK Talk 創投觀點 ❿ 星箭廣播
學習新知、自我成長	⓫ 文學嚼一錠 ⓬ 佐編茶水間
心靈療癒、心理學	⓭ 哇賽心理學 ⓯ 鄭淳予的深夜播客
休閒生活、影音閒聊	⓰ 感官一條通 ⓱ 彼岸薄荷

▶ 興趣和專長不一致怎麼辦？

然而，如果你的專長與興趣並不一致，怎麼辦呢？我們說「專長」是你這個人的生物本能，因此它是先天已有基礎，待後天稍加學習、演練即可成。既然做起來得心應手，自然會成為你進入 Podcast 的敲門磚。不過，由於 Podcast 的賺錢模式並不明確，多數人根本無從營利。因此，從 0 開始進入，到經營節目。許多人往往撐不到一年，便自動解甲歸去。

因為，生物本能所用的專長，是為了讓生物溫飽（最好是很飽）。所以，一旦發現 Podcast 無利可圖而離開者，大有人在。這也就是為什麼 Podcast 圈會流傳「玩 Podcast 不到一年，不談器材錄音的說法！」很多人一開始總是一頭熱，買了一堆成音、混音器材，但一年未到，鎩羽而歸。這時，又開始忙著賣器材，這買新賣舊之間，常是賠了夫人又折兵！

但是，「興趣」就不是這麼一回事了！它是你的熱情所在，為了所好，「一簞食，一瓢飲」，從古至今多有人在。尤有甚者，即便百戰百敗，也能讓你越挫越勇！因為興趣，熬過挫折，開出人定勝天格局者不少！亦有終生無法成為興趣所在領域的佼佼者，而空蹉跎時光，留下憾恨。

是故，興趣與專長之間該如何平衡，實應深思。所幸，Podcast 是鼓勵人說出自己觀點與經歷的平台。因此，可以靠

個人「專長」輕易打進這世界，進而由「熱情」點火，維持續航力，輕易闖過一年。在這火候之間，專長與熱情的比例，達到 4：6 即可，不像其他行業，非得由專長來規範興趣。在 Podcast 的遊戲規則中，反而非需由興趣領導專長，找出個人獨到的談話切入點，才能拚出自己的天空。

而若找到專長與興趣的平衡，又或者你根本就是個幸運兒，專長所在即興趣所在。那麼，接下來，我們便該思考屬於你的 Podcast 本命該如何永續經營了！

1-3))

什麼樣的 Podcast 最能成為
你的左右手？

▶ 找到適合自己的節目類型

Podcast 既然是將個人生命歷程轉換成節目的過程，它所關乎的就是個人整體形象呈現的問題。它牽涉到主持人本身活生生的生活經歷，無可避免的，Podcast 節目幾乎等於主持人的全部靈魂！

所以，Podcast 節目所呈現的內容、意義與價值觀，雖然不必一生不變，卻也不可能說變就變。這時，我們必然得好好思考，到底自己希望展現在他人眼中的形象，會是什麼呢？

談論這個話題，我想用輕鬆一點的方式來進行！以深藏潛意識的符號象徵法，來探看自己的內心世界。這個方式原型是由美國約翰·霍普金斯大學心理學教授 John Holland 提出，他將人格與職業興趣結合，分為六種類型。以下，我們以心理測驗的方式，邀請你發揮一下想像力，選出你最希望

展現的自我符號。

　　試想：今天將舉辦派對，並且邀請每一位貴賓都需要用特異功能讓自己變成一種動物，來走伸展台。你會想要變身成哪一種動物呢？

| ❶ 牛 | ❷ 海豚 | ❸ 孔雀 |
| ❹ 大象 | ❺ 獅子 | ❻ 貓頭鷹 |

圖片來源：www.freepik.com

❶ 牛

在華人文化中，牛是勤勞實際的象徵。因此，選擇以牛的面貌向眾人展示的你，期待在他人眼中是個實幹家。不但情緒穩定、耐性十足，做起事來也相當誠實可靠。儘管較為沉靜，喜歡自己一個人做事，但是做的事，永遠比說的話還多。在他人眼中，是個有條不紊的人，「坐而言，不如起而行」正是你的個性寫照。

主持「3C 科技新知趨勢」的節目內容，符合你喜歡研究機械和工具的性情。此外，「自我成長」的節目內容，也與你穩重探究自我內心的形象相輔相成。

❷ 海豚

擁有「海中智叟」之稱的海豚，給人聰明、善學習的形象。因此，選擇以海豚面貌向眾人展示的你，期待在他人眼中是個聰慧的研究人員。你喜好觀察、思索、明辨、分析人情事故，用自己的節奏，刨根究底的探究事件的來龍去脈。同時，常能提出獨具創造力的想法和戰略，給人不拘小節的印象。

這類型的人主持「國內外新聞時事及文化觀點」、「社會文化及人生體會」、「創業投資與品牌行銷」的節目內容，都能突顯出你擅長研究與分析的專業形象。

❸ 孔雀

　　孔雀開屏給人追求美感的形象。因此，選擇以孔雀的面貌向眾人展示的你，期待在他人眼中是個直覺敏銳、善於表達和創新的藝術家。你企圖藉由有聲或無聲的符號，向眾人展現獨一無二的美好創造力。對你而言，沒有比創造美麗事物更重要的事了！而這樣的你，也總是在他人心裡留下華麗的身影。

　　這類型的人若主持「國內外旅行趣聞及旅遊觀點」的節目內容，能展現你宏觀的眼界；主持「3C 科技新知趨勢」的節目內容，能展現時尚菁英的氣質；主持「休閒影音與生活雜談」的節目內容，亦能展現你多元風趣的性情。

❹ 大象

　　在泰國、印度等地，大象受到眾人愛戴，是友善、可人的代表。因此，選擇以大象的面貌向眾人展示的你，期待在他人眼中是個善於與人溝通、相處，聆聽他人和表達自我的社交人才。你願意付出時間與精力，輔導他人一同成長。所以，在大家眼中，你是團體中不可少的一份子！

　　這類型的人若主持「國內外旅行趣聞及旅遊觀點」、「休閒影音與生活雜談」的節目內容，會讓人更想親近你分享的所見所聞。而「社會文化及人生體會」、「自我成長」的節目內容，讓你溫柔大度的個性更被彰顯。「心靈禪修或專業心療」的節目，則令你善於傾聽、輔導的專業形象，更易被人記住。

❺ 獅子

有「萬獸之王」稱號的獅子，是力量強大的代表。因此，選擇以獅子的面貌向眾人展示的你，期待在他人眼中是個擁有領導才幹的熱情、勇於冒險競爭的企業英雄！這樣的你，不但做事井然有序，而且生活節奏緊湊、精力旺盛。同時，你具有高度的說服力和動員力，能用拚來的權勢伸張正義。進而被人肯定，成為焦點！

這類型的人主持「創業投資與品牌行銷」的節目內容，將有效提升威望！若主持「自我成長」的節目內容，則能展現懷柔堅韌的一面。

❻ 貓頭鷹

在希臘文化中，貓頭鷹象徵智慧，但和海豚的聰明不同，是屬於較為冷靜、注意細節的智者。因此，選擇以貓頭鷹的面貌向眾人展示的你，期待在他人眼中是個做事精準到位、個性謹小慎微的長老型人物。做事講究又有效率，穩紮穩打，相當可靠。你始終相信「魔鬼藏在細節裡」！

這類型的人主持「國內外新聞時事及文化觀點」的節目內容，將能強化其一針見血的鋒利印象；主持「心靈禪修或專業心療」的節目內容，則可為專業可靠且誠信親人的形象加分！

1-4))

國內外知名 Podcast 成功心法

Podcast 的內容包羅萬象,儘管機會無窮,但製作節目時仍需注意打造品牌故事,找出誰在聽你說以及你想說什麼?充分維持立意宗旨明確,特別是在眾 Podcast 節目中,最欠缺的就是個人觀點與經驗的分享,顯示這是個鼓勵人們勇敢說出自己經驗、故事的時代。

建議你可以先靠個人「專長」嘗試打進這個世界,之後再透過「熱情」點燃火苗,維持製作節目的續航力。參照現階段 Podcast 的遊戲規則,並非一定要由興趣引領專長,而是**展現出個人獨特風格的說話切入點**,才能開出屬於自己的一片天。此外,節目內容亦關乎個人整體形象的呈現,是故,我們必須要仔細且周全的思考,自己想要呈現何種形象在他人眼中。

● 節目定位、利益宗旨明確

　　這裡特別先挑選一些國內外 Podcast 節目在品牌定位及利益宗旨獲得極大成功作為案例，包括開設股市財經節目深受年輕股民歡迎而爆紅的《股癌》，瞄準市場對於相關資訊有高度的需求，加上個人風趣的主持風格，塑造出專業親民的形象，犀利且一針見血到位的評論，自然能長久在排行榜占據名列前茅；至於美國著名的犯罪紀實 Podcast 頻道《病態：真實犯罪 Podcast》（*Morbid: A True Crime Podcast*）主要針對連環殺手、變態、性侵犯罪進行報導，風格亦不同於過去一般的紀錄片形式，將美式喜劇的風格帶入節目之中；主持人不遺餘力的調侃案件的犯罪者，同時也會關注一些受到大眾忽略的案子，嘗試以寓教於樂的方式與聽眾交流，避免節目流於灑狗血。

● 看準聽眾渴求，強化收聽動機

　　Podcast 股市財經節目《股癌》最初成立的宗旨，就是強調用幽默風趣的講解風格，教聽眾投資理財之道。主持人詼諧的說話內容，加上讓人會心一笑的風格，透過聲音展現其個人獨特的魅力；深入淺出的說明，以娛樂的方式將國際財金知識帶入節目內容，深得聽眾的喜愛。尤其是 Podcast 節目如同傳

統的廣播一樣，扮演「陪伴」使用者的角色，與 YouTube、社群媒體等網路新媒體擔負不同的功能，人們用「聽」的方式就能取得所需要的資訊，非常適合同時間做其他事情，雙手不受限制，降低了看螢幕的需要，可以輕鬆上手。

● Point

使用 Podcast 的重要目的之一，就是希望能夠「獲取新知」。

《股癌》看準財經知識是國內民眾需求量最高的資訊類型，強化聽眾收聽的動機；想想看，如果有個財經節目，你每天只要打開 App，花三十分鐘收聽，既可以得知國際金融變化，還能對應國內股市的漲跌情勢，自然會讓人想固定上網收聽。主持人謝孟恭固定花費大量時間閱讀國內外金融資訊與市場報導，與聽眾分享自己的想法，不時回應聽眾的留言及提問，或是拋出議題讓聽眾思考「投資人如何在股市中的生存」。

2020 年 2 月開播的《股癌》，當時正值新冠疫情爆發，全球股市的發展變動不安之際，各國情事不明朗；他以理性有力的話語，使用聽眾認同的語言，談論投資戶熟悉及關心的話

題，在節目中靈活應變分析市場現象，因此短時間之內就衝上點閱率排行榜前段班，位居 Apple 和 Spotify 排行榜前三名。

謝孟恭的職場經驗豐富，曾當過夜店 DJ、機師、理財節目 YouTuber、旅館老闆等，他的主持風格一向直率，不時夾雜著一些粗話，幽默的態度點評時事，但也就是這種坦蕩的態度，讓他深受聽眾的歡迎。

他在開播第 1 集時，就表明：「光是為了錄開頭的 5 分鐘就花了兩個小時，一直瘋狂的咳嗽，總共錄了快三十幾次，到現在決定豁出去……請大家多多擔待」，同時也分享他當時在歐洲面對新冠肺炎疫情的遭遇，後續帶入分析美股情事，探討這波疫情對於整體金融市場發展以及經濟消費後續的影響，提供不同的分析角度，讓投資者決定是否進場，也會討論國際時事趨勢。

◉ 透過平易近人的描述，帶領聽眾吸收資訊

謝孟恭不會在節目中講述太深奧的知識，因為聽眾大多聽不懂，而他擅長使用平易近人的說法，講解難懂的金融與投資訊息，以及解釋財經股票的相關專有名詞，很適合剛入門玩股票的投資人收聽，從節目中吸收他對於國內外股市的看法，除此之外，他也不會報明牌給聽眾，僅只是提醒聽眾

哪些股票可能不能買，或是有哪些股票或產業資訊可以注意，或是現階段市場上主流的趨勢為何。因此相較於一般的股市財經報牌節目，《股癌》很少在節目中向聽眾提供生硬的財經術語，主持人會事先做好充足的功課，將自己蒐集、吸收到的大量元素，快速做出判斷，濃縮成股市投資資訊，讓觀眾得以在資訊爆炸的時代尋找出路。

此外，謝孟恭還在 Telegram 上另外成立社團，邀請知名的財經網紅加入，包括免費分享投資訊息、和粉絲交流互動，目前社團人數已超過 17,000 人。由此可知，《股癌》最初的節目成立宗旨相當鮮明，並以輕鬆詼諧的方式分享他觀察國際市場的心得，讓這個頻道在 Podcast 市場上具備有足夠的區隔性、獨特性，自然也就能獨領風騷。

● 在立意宗旨明確下，強化節目獨特風格

Podcast 在國外已經發展了一段很長的時間，整體節目製作的環境比台灣成熟很多，在節目集數和題材上也相較豐富了許多。他們不僅注重結構嚴謹，強調節奏運作流暢，主持人均具備足夠的專業知識及經驗，他們的表達能力力求凸顯自身的特色，配合節目的特性適時掌握氣氛，恰到好處的使用音效讓人聽了更是欲罷不能，最後內容也很重視是否符合

事實，避免造成誤導……，的確有許多值得我們借鏡的地方。

Ashleigh "Ash" Kelley 和 Alaina Urquhart 平時就是會一起討論各類犯罪題材的伙伴，Alaina 一直是一個熱衷於犯罪、恐怖、鬼怪的粉絲，並將自己對於生活中種種令人毛骨悚然事物的興趣感染給 Ash，後者很快發現自己同樣痴迷於類似的事物。她們意識到可以將自己對於連環殺手、真實犯罪、超自然現象以及周圍詭異事物的迷戀相關知識與周遭親朋好友及怪人分享，因此決定製作《病態：真實犯罪 Podcast》（*Morbid: A True Crime Podcast*）節目。其中 Alaina 更是一位驗屍技術人員和作家，手邊擁有大量關於連環殺手、醫學檢驗的書籍，並且熱愛看一些恐怖電影。Ash 則是位髮型設計師，儘管她看起來就像是個普通的女人，無意之間總是能注意到一些詭異的現象，此外，她喜歡巫術和恐怖故事。

《病態》處理的是真實的犯罪事件，那些過去令人膽戰心驚的恐怖故事歷史情節，主持人會針對現象進行深入的研究，同時以誇張的表達方式、巧妙的故事敘述以及詼諧的說話語句帶領聽眾進入每一則案件當中。「嘿，怪人們！」，Ash 和 Alaina 喜歡用這句話來表達她們對粉絲和新聽眾的歡迎。「怪人」（Weirdos）是她們對於粉絲群的稱呼，指一群喜歡聽有關謀殺、綁架和連環殺手恐怖故事的人，自 2018 年 5 月開播以來，兩人就一起共同主持《病態》（*Morbid*）節

目，當時她們發布了第 1 集節目《金州殺手》（*The Golden State Killer*），內容講述同名連環殺手當時殘暴的事蹟。隨著 Podcast 的發展，「志同道合的怪人」（Kindred Weirdos）社群不斷成長，如今《病態》在 Spotify 排行榜上高居第 16 名，而在 Apple 排行榜上排名第 34 名。

▶ 多元風格全新聽覺體驗

這兩位主持人希望能帶給聽眾：「輕鬆的噩夢（lighthearted nightmare），其中融合了真正的犯罪和喜劇」。儘管這兩種看起來是完全不同的風格，以為難在 Podcast 節目中共存，但她們總是能夠在適當的時候將幽默、諷刺以及咒罵帶入了真正的犯罪事件之中。這個節目充滿喜劇的元素，大多來自於主持人嘲笑故事中犯下罪行的人，例如她們宣稱連續殺人犯和強姦犯「卡車攔截殺手」Robert Ben Rhoades 是「人形馬桶」，或是諷刺槍殺美國女演員 Rebecca Schaeffer 的犯人 Robert Bardo 是「炎熱夏天裡的一坨屎」；她們的嘲諷具有創造力，即使些微有點粗魯或幼稚，也只針對其所描述的犯罪個人為主，絕對不會犧牲受害者。

在她們將幽默帶入 Podcast 的同時，Ash 和 Alaina 一直致力於能突顯出多元不同題材的案例，例如她們報導了鮮為人知

的 Corpsewood 莊園案，在該案中，兩名無辜的男同性戀者在 1980 年代的撒旦恐慌中於喬治亞州的家中被謀殺。她們還報導了 Kendrick Johnson 和 Kenneka Jenkins 的謀殺案，這兩案件至今尚未結案，涉及了黑人青少年，這兩人的神祕死亡經過有限的調查之後，被裁定爲意外事故。但是 Ash 和 Alaina 仍然會報導一些著名的眞實犯罪故事，並確保報導範圍能擴大到同樣值得關注的其他案件，特別是她們經常探索尚未解決的案件，幫助那些尚未獲得司法正義的受害者能獲得關注。

這個節目的主持人也知道根據情節內容適時淡化幽默的風格，例如之前所發布的 Matthew Shepard 節目整體步調令人難以置信的沉悶，其中詳述了犯人針對無辜男同性戀者的恐怖仇恨犯罪，Ash 和 Alaina 甚至都哭了。儘管有些笑話可能使觀衆感到緊張或顯得冷酷，但兩位主持人仍努力保持《病態》對於故事情節描述的敏感度並改爲適合給聽衆收聽模式陳述；此外，節目偶爾也會製作有關其他令人毛骨悚然內容的劇集，例如「夢魘」（Sleep Paralysis）和「詭異道路」（Spooky Roads）等劇集，或是推出一系列的「聽衆故事」，他們會大聲閱讀聽衆所提供關於其令人毛骨悚然或令人不安經歷的電子郵件。這些情節將觀衆納入 Podcast 的情境當中，使人們能夠講述自己的故事，並與其他聽衆的故事和生活經歷互動。

雖然報導眞實案件的犯罪 Podcast 可以幫助引起人們注意尚未能破案的案件，和未受到公平審辦的案例，以作爲教育聽

衆的題材，但提及已解決的謀殺案故事仍然存在一些困境待解決，儘管有些內容會讓人覺得很有趣，但是要求受害者的家屬一遍又一遍的回想起那些曾經歷過的噩夢，這無疑使受害者的家人感到痛苦不堪。儘管這兩位主持人確實已經毫不留情地嘲諷、痛罵那些他們描述為「病態」的犯罪人物，但仍持續採取了一些降低傷害的措施，包括邀請受害者的家屬上節目分享他們的看法，使聽眾能夠意識到道德上的兩難情形，並請人們注意受害者家屬的感受，如此方能確保這個 Podcast 不僅具有特色，同時節目製作立意宗旨的方向是正確的。

1-5))) 你的 Podcast 開台定能得心應手

分別寫下三種對你來說的節目類型：

專長：讓你以生物本能找到適者生存的 Podcast 節目內容；

興趣：讓你能夠撐過 Podcast 平均夭折率（一年或九集）；

形象：妥適內容將助你提升自信、名聲，開創人生新格局！

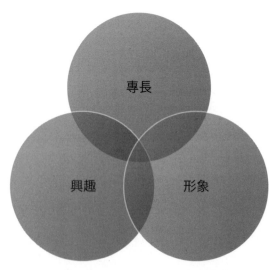

圖1 Podcast 設計「節目內容」的重要考量要素

第 2 部分

誰在聽你說

搞清楚誰在聽你說話，

能夠讓脫口而出的話，發揮最大威力！

否則，你只是在浪費酵素、蛋白質與礦物質

2-1))

節目需要從好故事開始

▶ 為什麼他們要聽你的故事

社群媒體上流傳一則短影片：

一名太太在參加完同學會後，回家對老公發難。

她怒氣橫生地對老公說：「今天我同學阿美戴了一條珍珠項鍊來，現場每個人都羨慕她！說她嫁對人！每次同學會都有新的飾品，可以拿來讓我們嫉妒！你呢？你倒說說，這幾年你有沒有送過什麼東西給我？」

老公急忙哄她：「老婆！妳別生氣了！我問妳個問題。這幾年現場有沒有同學誇妳戴的飾品好看？」

怒氣沖沖的老婆，怒口一張：「沒有！」

老公摸著頭，笑：「這就對了！」

見狀，更加火大的老婆說：「對？你還說對？我上輩子是造了什麼孽？跟你結下這孽緣！你還對。」

老公：「老婆！妳知道妳同學為什麼不誇妳的飾品嗎？」

老婆正想回答，卻被老公搶了話，

老公討好的笑：「因為妳內外兼修，長的膚白貌美大長腿，能動能靜，出門俐落俏佳人，家中嬌俏小美人！個性更是好得沒話說！他們誇你的人都來不及了，我怕混淆焦點，所以才沒送妳飾品！不像妳同學，沒什麼可以被人誇，大家只好誇她的飾品！不過，如果妳不想他們誇妳的人，改誇飾品，我也可以送妳！走？」

下一幕，老婆嬌羞的笑，直說不用買飾品了！誇人就好！

　　看完影片，我不禁佩服這位老公的機智，挽救夫妻倆原本可能會怒吵整宿的夜晚。但另一方面更讓我確信，一個好的故事必使人願意放下成見，緊緊相隨。正如影片中，善於開創故事情境的老公，不但讓原本怒氣騰騰的老婆火氣全消，甚至願意放棄購買飾品！

老婆參加完同學會，油然而生一個想法：老公根本不疼老婆，多年來吝嗇、小氣，讓老婆在同學面前沒面子，多年來都未得到一件老公送的禮物，似是所嫁非人，而心生怨懟。

但是，聰明的老公看穿老婆心思，沒有跳入棋局中，任人宰割，還為自己與老婆想出了新的逆風結局。

顯然，老公的聰明才智解救了夫妻兩人。老公從被指責的窘境中脫困，而老婆被老公從裡到外大大地誇獎了一番！尤其是在知道原來自己在老公心中比所有珍貴的飾品更值得被稱讚時，多麼讓人心情愉悅啊！

好故事的妙用在生活中俯拾即是。例如，在茶餐廳裡賣「黯然銷魂飯」，賣的不只是一碗叉燒煎蛋飯，而是關於周星馳與《食神》的故事；在一間公司裡，若想要鼓勵員工齊心奮鬥，可不能只憑老闆的囉嗦嘮叨，而是對未來無限美好的大餅故事！

換句話說，故事之所在，即人心所向，夢想成功之所在！會說故事、善於說故事的人，總能擁抱眾多粉絲，完成自己想要達成的事。然後，再將它變成一個故事，最終成為「有故事的人」。讓人好奇、讓人憧憬、讓人忍不住想靠近，忍不住成為天使[1]！為了這個會說故事的人，默默地成為故事中的一員，助其完成更多的夢想！

這就是爲什麼，今天當你要開始**做一個 Podcast 節目時，最先需要準備的就是一個好故事！**讓其他人知道，你的節目有多麼吸引人，更重要的是你必須知道——他們爲什麼要聽你的節目！

然而，名正言順、出師有名，雖是號召衆人最有效的方式，卻不代表你成立 Podcast 的節目宗旨一定要有多麼的「高、大、上」。反之，通常，一旦你端起架子來製作節目，節目就不動聽了！此處我們說的「端」，就是做節目時一味的追求「高端、大氣、上檔次」，而忽略了接地氣的重要性！

▶ 怎麼設立節目宗旨

那麼，該怎麼做才能達到好的節目宗旨呢？要說什麼樣的故事才能發揮功效呢？

比如，你今天想做一個關於體育的 Podcast，你必須想的是，要談什麼樣的體育內容呢？關於運動本身？還是球員？還是比賽賽程？又，爲什麼大家不直接看網路、查 Google 的

---

[1] 天使投資一詞源於紐約百老匯，特指富人出資資助一些具有社會意義演出的公益行爲。演出本身又是故事！

資訊，而是要點開 App 來聆聽你的 Podcast 呢？你可以帶來什麼不一樣的切入點或是營造出什麼不同的情境嗎？聽你的 Podcast 可以為大家帶來些什麼效益？

例如，同樣談旅行：

《解鎖地球》強調自己多元文化的身分，希望提供地球上任何角落不同的觀點給聽眾，敘述了「相信地球因為分歧而美好」的故事，因而邀請聽眾「點開節目，跟我們的聲音一起環遊世界。」這即是它的節目宗旨。

《旅歐三小事》是兩位同去法國小鎮才認識的台灣女孩，因為成為室友，「為了不讓旅歐生活被淡忘，決定展現過人的聊天功力，用聲音記住記憶」。節目中集結最瞎、最浪漫的故事，邀請聽眾「睡不著時，不妨跟我們聊個天吧！」這便是它的節目宗旨！

同樣是談旅行的節目，說動聽的故事，召集了大家一起來收聽。可是，說出來的故事不同，儘管收聽他們節目的夥伴們或許有些雷同，卻仍有出入。

2-2)))

聽故事的人

〰

　　Podcast 為大家提供一個自在發言、肆意發揮的創作管道。欲製作 Podcast 節目，你無需參加電台考試，或是取得傳播相關科系系所的畢業證書。你甚至不用修大眾傳播相關課程，就可以憑藉一己之力，讓自己的節目快樂上架！讓全世界聽見你的聲音！

　　然而，這個為大家提供狂歡場地，可以暢所欲言的場域，其實由來已久。雖然它的演變歷史眾說紛紜，卻是來勢洶洶，無法阻逆。台灣從 2000 年開始，已有現今型式的 Podcast。2019 年時，出現近三百個節目。2020 年初春之後，每個月超過一百檔節目上架，光是上半年開設出來的節目數量，已逼近 2019 年整年節目數量的三倍！正如 2020 年，Podcast 平台 SoundOn 與 INSIDE 聯名發布的觀察，發現台灣有將近 90% 以上的聽眾，在近兩年來開始接受 Podcast，甚至高達 50% 以上的人會天天收聽。

　　發展越來越好的 Podcast，**最受人喜愛的播出長度，以 31**

分鐘到 45 分鐘為主。這長短正是我們通勤、起床穿衣或盥洗化妝、做家事的時長。事實上，我們也的確在眾多的資料中發現：Podcast 節目收聽的情境，除了打發時間或是所訂閱的節目推出新集之外，大多是在上述情境底下，最常被收聽！

因此，當你在設計節目時，不妨多考慮一下聽眾的收聽情境。你可以設計一些當日新聞，給正在通勤的聽眾補充新知：也可以設計一些美妝秘技，給正在上妝的聽眾；或是設計一些療癒好歌，給正在做家事的聽眾，讓他們獲得充分的能量，打掃起來可更加起勁！

或是雖然你的節目內容，與他們的收聽情境並無關係，例如理財類的節目，你也可以在和聽眾朋友打招呼時，將他們的收聽情境考量在內，說出些許關懷的話語，拉近彼此的距離。例如：

「早安！今天陽光充足，大家要記得要擦防曬乳喔！」

「這幾天剛好是梅雨季節，是不是感覺家裡的棉被特別重呢？這潮溼的情況⋯⋯。」

「哇！油價可能要開始上漲了！大家記得加油（加重語調，呈現雙關語。提醒聽眾替車子加油，你則為他加油）！」

藉由這般感同身受的問候，有效激起與聽眾之間的共鳴，之後再慢慢將節目導入正題。這麼做會讓你的聽眾知道，你不僅在意節目，更在意他們的狀況與感受。如此一來，必能幫你和聽眾之間搭起友誼的橋樑，增加聽眾對於節目的黏著度。雖然，台灣的 Podcast 市場數值顯示出，年齡越小的聽眾越愛探索不同的世界，且不會死忠地只追蹤某幾款節目而已。但是，隨著年齡漸增，聽眾死忠追蹤的節目數量卻是越來越多。你很有機會可以長久地走入他們的生活！

讀到這裡，我想你也會漸漸察覺一件重要的大事，那就是——**對你的聽眾多了解一點，節目被接受的程度就會多提升一點！** 是的！這是值得稱頌的重大發現！它代表了，你已漸漸地蛻變成一個 Podcaster！準備好要展開你的節目，並且已經預備好籌劃聽眾席了嗎？

接下來，關於你正在籌劃的聽眾席，我想提醒你幾件事：

❶ 你的聽眾相當寂寞，並且害怕寂寞

在台灣，Podcast 的聽眾，單身者高達 80% 以上。不過，單身並不是他們寂寞，或是害怕寂寞的原因。真正的原因，還是如 2010 年獲頒極受歐美科學文化界重視、堪稱西班牙語世界「諾貝爾獎」之稱「阿斯圖里亞斯王子獎（Prince of Asturias Awards）」的齊格蒙・鮑曼（Zygmunt Bauman，1925-2017）提出的——這是個「液態的世界」！

根據鮑曼的說法，現代社會中，每個人都呈現出一種流動的狀態，適應著隨時都在變化的社會。而這個社會又因處於資訊量爆增的情況下，因此凡事皆講求快速與彈性。我們得時時刻刻準備好與他人接招和過招。

舉個例子，我們常在上班時間受手機裡社群媒體的私事影響；下班時間，卻又經常收到老闆的信件。於是，我們變得越來越忙，越來越公私難分，越來越疲於奔命。就連親密關係都在這樣的忙碌生活中，變得越來越輕盈與脆弱。過度的競爭與追求效率，讓我們沒有時間維繫與他人的感情，甚至是與自己好好對話。我們沒有時間善待自己，漸漸地養成了不尊重生命、不尊重自然資源，與「用後即丟」的浪費習性。

於是，我們更加地渴望被愛、渴望被關懷、渴望得到他人的認同，卻苦無時間。只能在這樣的惡性迴圈中，無止盡的輪迴，至死方休。是故，我們很輕易地愛上了與直播主或Podcaster 間的互動，因為他們相當可親，又不必費時處理。我們可以選擇何時收視或收聽；此外，你的留言和互動，直播主或 Podcaster 都會熱情回應。

在我的一堂傳播課中，曾有學生想訪問意見領袖。過往，想要訪問影視明星等高人氣的偶像簡直難如登天，連聯絡的管道都沒有。可是現在，學生們可自行輕鬆解決。我聽見他們的對話：

A 生：「意見領袖找誰訪問好呢？」

B 生：「不然找 XXX（某 Podcast 平台前三名的 Podcaster）好了！」

A 生：「你以為想找就找喔？」

C 生經過正在討論的兩位學生身旁，聽到對話，忍不住插嘴：「很好找啦！他們都好像有什麼使命一樣，你們在留言版留言說學生作業想要採訪，都一定會答應！」

A 生半信半疑：「真的喔？」

後來，他們果然順利完成採訪作業！Podcaster 成為聽眾們最能依靠的好朋友，對於渴望與人產生堅實、互動的現代人，又怎麼會不支持呢？

此外，在變動的世界中，我們能夠留下的人、事、物並不多。所以，我們害怕失去，就連「失去的感受」都不想擁有。試想一下，當你用電腦追劇時，兩個很相愛的男女主角正面對生死攸關，你會怎麼做呢？這時，觀察一下你身邊的朋友，一定有人會這麼做：快轉，盡快看到後頭，不願受到心中煎熬的情緒磨難。更有人直接按了暫停鍵，將劇跳到劇中，同樣不願被劇凌遲。這些小動作再次證明，我們有多麼害怕面對「失去」。面對電視劇的劇情尚且如此，更何況是真實人生呢？

因此，請你記得，你的聽眾需要有人陪伴，需要擁抱人的溫度。「你的聽眾相當寂寞，並且害怕寂寞」，所以在獨自一人通勤、化妝、打掃時，即便有事在做，依然需要你的同在。是故，當 Podcaster 不只是一項工作，更是一種使命！

現今，**台灣的 Podcast 聽眾高達 60% 為 23 歲到 32 歲的單身職場人**。我們真的該好好想想，怎麼陪伴他們！

❷ 你的聽眾愛你，但更愛自己！

即便做 Podcast 節目，抱著「陪伴」的使命感，但是，我仍然要提醒你：你的觀眾可能愛你，但是他們絕對更愛自己！這句話的意思是，就算你是非常有料的知識人，是一位相當有趣的娛樂人，或富有親和力、善於聊天的社交人，聽眾一開始或許會為了你的個人特質前來收聽。可是，一旦他們發現你無法提供給他們，關於他們個人更多的資訊、知識、情感交流等各自的需求。那麼，終會曲終人散。

心理學中有個學名，叫作「自我參照效應（self-reference effect）」，指的就是這麼一回事！這個學說談論：當我們感受到某事和自己相關時，我們容易產生親密的心理效果。所以當某人告訴你，他有個祕密想跟你說的時候，即便你原本和他並沒有特別深厚的私交，你也會在聽完他的祕密後，頓時拉近兩人的心理距離。例如女生常和某位男性傾

訴苦惱，該名男子自然而然會生出保護之心。

這就是為什麼我們在看完或聽完談話性節目後，即便我們與談論者、明星、網紅、Podcaster 素昧平生，卻會立刻覺得相當親近。尤其，在網路上我們習慣以綽號示人，所以當直播主、Podcaster 呼喚我們的綽號等暱稱時，會感到格外親切！

其實，這方式在你和我讀小學時就已經知道了。從小到大，每次換班，我們就得自我介紹！如果有同學這樣介紹自己，常常還沒說完，大家就已經放空了。

「我是 XXX，我們家有四個人，我爸爸是個工程師，我媽媽是個上班族，我姊姊就在隔壁仁班。我在家裡最喜歡看書，我的偶像是⋯⋯」

但是，如果換個說法，你覺得如何呢？

「大家好！我是 XXX。剛聽大家介紹，發現我們很多人很像，我們家一樣是四個人！我爸爸跟（將臉轉向某位同學）你爸爸一樣，都是工程師。所以他常常加班，以後他們加班，我們可以一起出去玩⋯⋯」

其實這兩位同學所表達的具體事實相同，不同的只是表達的內容。但換個說法，聽起來是不是更加拉近與他人的連結關係了呢？

記得有一回，我擔任某演講比賽的評審，也觀察到了類似的現象。同學們一個個抽題上台，隨著上台比賽的人數增加，評審老師們越來越緊盯著自己的評分表，思考誰比誰更適合奪冠？直到……

「老師、各位同學大家好，今天我要演講的題目是：地球與我。首先，我想請問大家一個問題：地球會死嗎？」

隨著問題的提出，我看到身旁的評審紛紛抬起了頭，專注地看著前方的同學，聆聽他的演講。為什麼會有這樣的果效呢？這名學生拋出了問題，等於是邀請在場的聽眾，一同加入這場演說。比起其他同學的侃侃而談，訴諸己見，反而更容易引起聽眾的共鳴！

● Point

邀請聽眾一同加入，容易引起聽眾的共鳴！

今天，我們做 Podcast 節目時，一樣要先將你的聽衆放在心上。這不光是你一個人的節目，也是大家共同的節目！這個節目談論的故事，必須包含你架構好的情境，並且融入聽衆朋友自身的回憶，才能成爲一個精彩的節目！所以，即便是預錄的節目，你都要在錄製時假想你的聽衆就在眼前，並且和你互動！那麼，你要跟他們說些什麼呢？要給他們什麼樣的內容呢？

在台灣，Podcast 被收聽的目的，大抵可分爲：

從這些目的我們可以看出，大多數的人希望能在聽完節目後，對自己的生活起到一定的作用：如獲得更多的談話資訊、對自己的興趣有更多的認識、對工作上產生加分的效果等。所以，他們也最愛收聽社會與文化、新聞時事與政治、娛樂八卦的節目內容；更有高達 80% 以上的聽衆喜歡聊天型的節目，彷彿自己置身其中。

再細分男性與女性的收聽內容，可看出略有差異，分別是：

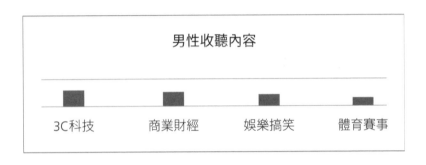

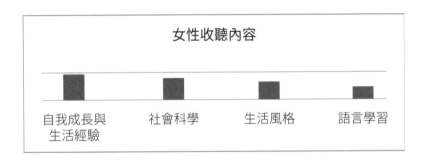

這樣的差異也正好可以讓我們重新思考，你的聽眾是誰？你最想和誰分享？分享些什麼事情呢？如果他是男性，你要怎麼和他對話？對男性和對女性聊天，方式有不同嗎？如何將他的生活經驗納入自己的節目內容中？又或是如何與聽眾取得較強的連結感？

❸ Podcast 節目很多，但走入聽眾心中的，其實並不多

如今，Podcast 在這兩年多來已如雨後春筍，狂爆新芽！可惜，聽眾感興趣的節目內容其實仍有很多有待發揮的空間。就像我們第 1 部分提到的，「新聞時事與政治」以及「自我成長與生活經驗」都在聽眾喜愛的類型節目排名前五名，可是它們實際在整體的 Podcast 節目中，占比排名卻相當低。

現在，就讓我們看看，這些聽眾的基本輪廓究竟是如何？

喜愛「新聞時事與政治」的聽眾朋友

這群聽眾朋友大多大學畢業，甚至讀到研究所。年約 23 歲到 32 歲，單身，月收入約在兩萬五千元至五萬元之間。他們喜歡在中午十二點過後開始收聽 Podcast。有人在下午一、兩點收聽，有人在下午四、五點收聽，總之，這波收聽潮會在晚飯六點前結束。之後，在晚上九點到凌晨十二點又會有人收聽。

因為是新聞性的節目，所以他們的收聽情境也比較特別。雖然有人會在讀書、工作時，將 Podcast 節目當作背景來陪伴，但大多數收聽這類型節目的人，可是相當專注地在傾聽。為了讓新聞能夠被更詳細的描繪，多半偏好單集節目長度在 46 至 60 分鐘之間。

此外，這類的聽眾喜好以簡單的聊天或是新聞摘要的型

式呈現。對於主持人的專業較爲要求，而對熱門話題的討論也較爲熱衷。因爲他們付出了較高的專注力與時間，因此較容易陷入心理學所稱的「沉沒成本（Sunk Cost）」[2]，進而以更積極的方式參與節目。例如：訂閱節目，與節目主持人留言互動，或向周遭的人以各式各樣的方式推薦這個節目（將節目成爲話題、將節目轉發到個人的社群網站）等。

換句話說，一旦你的**聽衆對節目投入越多（時間、觀注、情感、金錢……等），他越容易和你及節目成爲夥伴，甚至進一步地替你宣傳。**

喜愛「自我成長與生活經驗」的聽衆朋友

這類型的聽衆朋友不論是年齡、受教程度、感情狀況，甚至是月收入，都與上者相仿。不同的是，他們比較喜歡在無事閒暇時收聽 Podcast，所以常常在中午十二點過後到下午三點，或是凌晨十二點過後到隔天早上六點收聽。也正因爲如此，他們每次收聽 Podcast 節目的時間可長達一、兩個小時。

---

[2] 指已經付出且不可收回的成本，例如時間、金錢等。人往往投入越多，越不甘心失去，而陷入沉沒成本的陷阱。例如，花太多時間看衣服，而買下平日根本不想買的衣服；因爲花太多精力談戀愛，在已經破裂的關係中，仍挽留其實不想挽留的戀人。

這群聽眾朋友大多工作未滿一年，極大希望增加自己的工作技能或職場、生活經驗。因此收聽目的常是希望得到陪伴或情感認同，並與節目主持人一起成長；所以，是較為內在的隱密收聽行為。儘管願意打賞節目，卻不會太過積極的宣傳節目。不過，正因為**與 Podcast 節目共同成長，所以黏著度較高**，彷彿大雄野比（聽眾朋友）與哆拉 A 夢（自我成長與生活經驗型的 Podcast 節目）的關係一般。

❹ 在你心中建立一個忠實的虛擬聽眾

為了給自己建立更多的自信，也為了讓節目呈現出有聽眾在場的真實感，光是了解有哪些聽眾在聽你的節目？你要準備什麼樣的內容給他們？這些聽眾的收聽情境、收聽目的與收聽行為是什麼？你要如何與他們互動？如何讓他們參與進來？他們對你的節目有何感想？是不夠的！

你還必須要先**為自己設定一個屬於自己節目的死忠愛好者**！這樣，即便你聽到現實生活中的聽眾說：

「我覺得這個節目（播出時間）太長了！」

「我覺得主持人今天很悶！」

「我覺得這個（節目內容）觀點很奇怪！」

「我覺得……」

才不會立刻被擊潰！這並不是說他們的聲音不重要，而是你必須要知道一件事，那就是在網路的世界裡，有愛你的人，必定有討厭你的人！因為網路本身會容納所有不同觀點的世界，而且只要是人，就一定會有優缺點。畢竟，人性、人味都是由這些優缺點積累而成的！故事，也是由此生成的！

所以，當玻璃心碎成一片片時，只能夠請你自己掃！下一回努力再精進，看看批評會不會少一些。只是，無論如何，不可將自信跟著斷送。

嘿！還記得伊索寓言裡那對騎驢進城的父子嗎？一路進城，從原本兩人牽著驢，被路人嘲笑有驢不騎，是謂笨蛋。到不管是父親騎，孩子在旁走著，被路人批評父親不慈；還是孩子騎，父親跟在旁，被路人批評孩子不孝。只好同騎這匹驢，卻被路人批評虐待動物！最後，又一路人建議父子二人應當把驢子扛起來，兩人抬著走。結果，正當父子抓驢、綁驢時，嚇到了驢子！驢子便掙脫繩子，跌進河裡淹死了！

在這故事中，路人們的意見都有其道理。不同的立場，不同的經驗，促成了不同的結果。沒有定見的父子，難道沒有自己的立場與經驗嗎？當然有！只不過，太在意每一個人的想法罷了！在沒有眾人聲音快速傳達的故事情境中，尚且如此，更何況是網路世代呢？

設定一個屬於自己節目的死忠愛好者！且角色建立的越完整越好！

　　我必須再次提醒你，當節目上架後，愛你的人與討厭你的人一定會同時存在。差別在於，是愛你的人先聽到節目，還是討厭你的人先聽到節目。但不論是誰先聽到，只要能夠激起討論，便可達到傳播效果！所以，在你擺出的 Podcast 聽眾席中，你必須先邀請設立好的虛擬忠實聽眾，請他們率先坐進你的 VIP 搖滾區座位。

　　而且，將這位忠實的虛擬聽眾**在你心中角色建立的越完整越好**！他也可以是你生命中的某個人，有具體生活習慣、愛好與興趣。如此一來，當有批評的聲音出現時，你可以先轉頭看看他，想想他的反應如何？例如，有聽眾批評你「主持時笑得太大聲，有點吵鬧」，你會作何反應？是認為「的確，這邊有點笑太久了！」或是「不會啊！聽到這樣的話，一定會笑成這樣的！」

　　另外，邀請虛擬的忠實聽眾坐進 VIP 席還有一個實作上的優點，就是在錄節目時，你**會一直注意到他的存在，跟他**

自在的互動。想當然耳，你真實生活中的聽眾會覺得你有將聽眾放在現場！這樣的主持效果可引起更多人的情感共鳴！

接下來，我們要問的是，該如何建立虛擬忠實聽眾呢？你可以先邀請一位，等熟練了這樣的練習，再慢慢試著建立另一個與他個性截然不同的虛擬聽眾。但至多不要超過三位。否則，你會分心，而無法好好處理主題。

在設定虛擬聽眾時，你完全可以將生活中喜歡的家人、朋友、或任何出現在你周遭的人，直接轉化成同樣工作、學經歷、個性、喜好、脾氣的虛擬人物。這麼做的好處是，你對他已有相當程度的理解，你知道他喜歡什麼，不喜歡什麼；對什麼感興趣，對什麼不感興趣；聽到不同的新聞時，可能會出現什麼樣的反應。

當然，你也可以重新設定一個虛擬對象。但是，記得同樣地要幫他加入年齡、性別、工作、學經歷、個性、興趣、喜好，甚至是他有什麼樣的家人與朋友……等。

上編劇課時我會要求學生，為筆下的主角寫個人自傳；亦即平時履歷上會出現的項目，這個主角就一定要有。即便這些主角的自傳不會發生在劇情中，卻可讓主角的個性變得更加鮮明。有時會明確到你誤以為他確實存在。待這些自傳寫好後，我和學生玩快問快答的遊戲，即時抽問：

主角何時最快樂？

主角可能有什麼才能？

主角改變自己一件事會是什麼？

主角認為自己最偉大的成就是什麼？

主角最珍藏的財產是什麼？

主角最浪費的行為是什麼？

什麼時候主角會撒謊？

主角最後悔的事是什麼？

我認為這招在你設定虛擬聽眾時，同樣好用！

2-3))）

國內外知名 Podcast 成功心法

● 製造對話是 Podcast 的決勝點

由於目前 Podcast 仍缺乏統一的上架平台，且 Podcaster 難以在收聽平台上主動宣傳、推廣，導致現階段大多採取創作者自己展演，完成後再將節目內容上傳至平台；聽眾只能被單向的訊息傳遞，較少有即時與粉絲的直接互動。台灣 Podcast 平台 SoundOn 就曾指出：「製造對話成為 Podcast 之間的決勝點──製造對話的創作者往往更容易在百家爭鳴的市場中引起聽眾注意」。許多的 Podcast 收聽平台，如現在最多人使用的 Apple Podcast、Spotify 上面，都沒有讓聽眾留言、發布意見的功能設計。

我選出國內外一些擅長與聽眾互動的 Podcast 節目做為案例，例如早期在廣播時期就鼓勵聽眾寫實體信件到電台的《馬克信箱》，本身強調要提供粉絲心事的抒發園地，以及呈現主持人與聽眾互動的情形。節目收掉之後，兩位主持人轉戰至 Podcast 仍是採行此一作法，甚至還會使用 Clubhouse 接

受聽眾的 Call-in；而以討論工作職場大小事為主的節目《那些你不敢跟老闆說的事》則是善於使用社群媒體：不僅建立粉絲團供聽眾互動，還進一步開放聽眾到現場旁觀，有時甚至可以參與節目進行與主持人討論這一集的議題；美國的名人八卦 Podcast《誰？週報（*Who? Weekly*）》專門針對四線（D-list）名人的各類資訊加以報導，設置專屬熱線電話，來回覆聽眾的各種問題，充分滿足一般人對於大小咖明星的好奇心，自然能夠凝聚認同感。

● Point

> 但事實上，Podcast 具有聽眾**收聽時間較長且黏著度高**的現象，因此好的節目不僅要內容有特色、精彩，且與**粉絲互動的設計**是其必要性。

▶ 議題內容五花八門，如窺視不同人生境遇

長居 Podcast 頻道排行榜前幾名的《馬克信箱（*Dear Marcy*）》其實前身是飛碟電台的廣播節目《青春點點點》，

節目內容主打讓聽眾能夠透過實體手寫信件來反映各種意見，目的是讓閱聽眾從他人的故事中找到一些啟發。主持人馬克、瑪麗會在廣播中針對觀眾提供的內容進行回覆或討論。由於兩人互動默契十足，不時穿插搞笑與溫馨的情節，吸引了大量固定粉絲，即便後來節目結束，兩人仍保持合作關係，持續在網路媒體 YouTube、Podcast 上製播節目，還是有大批忠實的粉絲追隨。

《馬克信箱》的聽眾來信內容五花八門，不論是金錢、性愛等均來者不拒，儘管討論的議題尺度開放，卻不流於低俗，其中在「處女約炮」一集曾有聽眾來信分享她透過批踢踢交友版與網友認識、進而一夜情的經驗，甚至披露自身經歷過這個事情之後的心得、感想。主持人一邊朗讀信件說明故事內容，交代事件的來龍去脈，一邊幽默的討論、互虧，塑造輕鬆、愉快的氛圍，同時也將正確的兩性知識以寓教於樂的方式，透過精闢的分析給予適當的建議或回饋；有時聽眾來信提到對於人生的迷茫、或是過去遭遇的經歷，主持人亦會給予一些中肯的意見，彷彿為聽眾指引人生的方向般。

● 以貼近的題材拉近與聽眾的距離

收聽《馬克信箱》彷彿窺視著各種不同的人生境遇；主持人扮演如同朋友的角色，陪伴在身旁，與聽眾親切懇談，

使人備感親切，由於有共同的話題，就容易拉近彼此的距離，有時候可能會產生惺惺相惜之感，或是因過往有著相類似的生活經驗，進而活絡了對話的內容。特別是當一個人在生活、學校或職場當中遇到問題時，會非常需要擁有可以請教、諮詢意見的對象，因此，透過節目不僅讓聽眾能輕鬆的在讀書、做家事、上班時聆聽，有時還可以在無意之間解決一些困擾自己很久的疑難雜症。經由這個節目，主持人的個人形象得以被突顯出來，節目自然會受到粉絲高度的喜愛。

● 研究聽眾喜好及環境需求

　　Podcast 頻道《那些你不敢跟老闆說的事》的主持人 Jack 徐嘉凱本身為導演，曾拍攝多部網路影片，善於經營社群網路；也同時兼任新創媒體公司的老闆，不僅自己建立 YouTube 頻道 SELF PICK（已累積一些聲量、人氣），同時與 SoundOn 合作共同企劃節目，同員工 Cady 高可芯共同主持，節目後製則由 SoundOn 負責製作編輯、上架。節目中因著兩位主持人分別是老闆和員工的角色，而共同探討職場上的相關議題，以此作為促進勞資彼此的了解，尤其是職場新鮮人或新手容易面對的問題，包括面試技 巧、是否要離職，與同事／老闆之間相處的問題、工作的生活品質等，希望透過把問題放到檯面上加以公開討論，而非雙方各自私底下議論、加油添醋，形成負面的職場

文化，導致失去溝通的機會，產生更大的誤會。由此顯示，製作團隊在企劃節目之前，已深入研究聽眾之喜好及環境的需求，進而靈活運用各種題材，甚至進一步為聽眾提供服務，故頗受歡迎。

在「職場話語權 vs 話事權」一集中，主持人 Cady 提到，社會新鮮人在職場上時常缺乏話語權，儘管不是隨意發言，而是經過深思熟慮，仍會面臨表達意見卻遭到主管忽略或難以開口的困境；Jack 則提出「話事權」的概念，強調與個人職位的關係，重視的是能否扛下決策的責任，以及是否具備相關權力，而這種權力需要不斷透過話語權進行爭取，進一步建構出來並得到它。兩人在開場白時，就積極嘗試讓聽眾往設定好的方向走，使聽眾的心裡期待和想法按照主持人的見解方向移動，這樣容易使其重視節目中最後的建議，且認同相關論斷精闢、透徹，值得深思與借鑒。

▶ 虛實整合創造品牌形象

該節目常居 Podcast 職涯類的前三名，為了強化聽眾社群的凝聚力，還進一步舉辦線下的聽友會，開放現場錄音、錄影供聽眾旁聽，鼓勵粉絲上 Podcast 搜尋這檔節目，並加以評分、留言，截圖之後私訊粉專，並在個人的臉書或 IG 公開分

享《那些你不敢跟老闆說的事》節目，Hashtag 特定主題標籤的關鍵字，例如:#那些你不敢跟老闆說的事、# SoundOn、#我要去現場看錄音……等，讓他人容易找到相同興趣的貼文，並使用 @SELF TOKEN 標註朋友、專頁、活動或群組，就有機會參加活動，有機會直接與老闆、Cady 互動討論，這些都可讓粉絲產生參與感。上述這些做法，都是為了增加節目在各個 Podcast 平台上的討論度，以及社群媒體的曝光度，藉由 Hashtag 創造屬於自己品牌的形象，避免與其他節目相混淆，且能作為品牌知名度的衡量標準，確認節目在特定時間的使用情形及熱門度。

▶ 專屬 Call-in 電話增加粉絲黏著度

國外的 Podcast 為了提升與聽眾互動的情形，進一步增加黏著度，強化彼此的向心力，特別提供專屬的 Call-in 電話號碼，讓聽眾能隨時撥打電話，留下想要詢問的題目，或是對節目內容表達任何意見；有一些現場錄製的 Podcast 節目，甚至會參照傳統廣播電台的作法，讓觀眾現場即時 Call-in 抒發己見。這種做法的好處在於，讓主持人與聽眾的關係更為緊密，尤其是當聽眾在節目中聽到自己的聲音會感覺興奮，甚至更有意願常常收聽。

例如流行文化類的節目《誰？週報（*Who? Weekly*）》，採取每週製作一集的方式，主持人 Lindsey Weber 與 Bobby Finger 在節目中熱情洋溢的嘲諷有錢或失去名望的名人，或報導相關內容的小報，對象為只有在電玩直播遊戲及電視實境秀節目中會出現的四線名人（D-list celebrities）。此種幽默的主持風格，吸引了眾多支持者，他們嘲笑的人可能是具影響力的人、YouTuber 或者是參演電影和真人秀的明星，希望藉此塑造出如同在雜貨店裡翻閱八卦小報的氛圍。「Who's」處理的不僅是譁眾取寵的行為，還包括具影響力者的醜聞、失敗的公開道歉和刻意製造的嫌隙，更透過八卦雜誌以令人感受到絕望的方式來進行。

　　就如同這個節目強調提供給聽眾：「你所需要了解關於不認識的名人的一切」。主持人談話時速度既快又有趣，不時還會發出爽朗的笑聲，或是犀利而迅速地打斷對方所說的話。這個 Podcast 成功的原因，可能在於兩位主持人分別擔任過流行文化網站的專欄作家，能夠取得第一手的內部資訊，且熟悉相關名人產業的運作情形，包括演員 A 最近（據說）把自己的行程表洩露給狗仔隊，或者英國流行歌星 B 近期被選為《誰？週報》的每周 MVP，原因在於她能夠透過穿搭（或不穿）或半穿牛仔褲之類簡單的事情等，迫使主持人必須隨時更新相關資訊。

此外，《誰？週報》的收聽衆可以隨時撥打專屬電話，而且有機會在節目中發聲。其中有一個單元「Who's There」最初源於聽衆在節目的推特發文，人們聽完節目之後，會向主持人發問：「這個人是誰？」團隊回覆後，卻持續不斷收到大量的推文問題，因此節目意識到可以開設一條熱線電話。此一作法無疑讓 Podcast 變成主持人與聽衆之間的溝通管道，給予主持人犯錯的權利，也驅使聽衆有更大的動機打電話進節目糾正。隨著許多粉絲們開始詢問各八卦主角的身分之後，主持人認爲 Call-in 是 Podcast 的重要組成部分，因爲開啓了主持人及其粉絲群之間的對話，並得以在粉絲間建立緊密的社群連結。這個節目強調以忠實呈現聽衆的評論和提問爲主要特色形式，挑選一些出人意料，如喝醉的、歇斯底里的聽衆來談論某個 Instagram 人物是誰，或者爲什麼這些人的假結婚會受到媒體的關注等，將各種 Call-in 內容在節目中播放，再由主持人自己展開犀利的評論和進行回覆。

2-4))

為你的 VIP 書寫他的身分故事

● 學經歷：

● 專長：

● 長相：
性別？年齡？

● 興趣：

● 生日 (用星座談故事)：

● 家人 (可有故事？)：

● 血型 (用特徵說故事)：

● 人際關係 (可有故事？)：

第 3 部分
你要怎麼說
不經意，其實很刻意！

3-1))

從腳本設計開始，辦一場聲音趴

一片蒼翠映入眼簾，信步漫遊在綠意盎然的樹林裡，景緻如詩如畫。一踏進新竹綠世界生態農場，頓覺神清氣爽，山水相逢，霞光耀耀。湖面上，純潔、善良，猶如天使化身的白天鵝正優雅地悠悠戲水，煞是美麗！生態湖面波光粼粼，一旁成對嬌貴的黑天鵝悠游其間。牠們不時竊竊私語，不時雙頸交錯，將彼此融入己身，搭出愛心的模樣。此情如膠似漆，更是羨煞多少人間男女！看著他們的悠然自在，肆意悠閒，恍若時空靜止。一切的世間運轉，頓時慢得出奇！連一旁樹上的葉子飄落，都似屏息以待，深怕太大聲會劃破這清幽的時光。自樹上飄零到地面，緩步飄移，怕是需要十億年的時光？

面對此情此景，俗人如我，不禁莞爾一笑！他們多像是 Podcaster 同行啊！

相信大家都聽過類似這樣的名言「水裡的天鵝表面從容淡定，可是水底下兩隻小小的蹼，卻歇斯底里地瘋狂打水。

優雅需要底氣！」沒錯！Podcaster 尤其如此！看起來越行雲流水的節目，其實做得努力越多！規劃越詳盡！

主持人的一笑一鬧，節目進行的節奏自然流暢，其實都需要經過許許多多的演練，才夠火候！什麼時候讓人笑？什麼時候讓人感動？什麼時候讓聽眾與主持人同仇敵愾？每一項都需要精密的鋪陳與橋段安排。

● Point

「隨意」來自於刻意的苦心經營！

人類的情緒有耐心的限制，沒有辦法在短時間內被反覆的刺激。刺激太多次，終會彈性疲乏。看看一位母親，面對孩子不停反覆的唱反調、哭鬧。第一次，母親會試著和孩子好好溝通；第二次，母親會壓抑不耐；到了第三次，可能連旁觀的你都會崩潰了！對於笑的反應，和對哭的反應沒有什麼兩樣。就像有人請你吃高級料理，第一天，你會很開心；第二天，面對同樣的食物，你會變成習慣；到了第三天，若還是同樣的高級料理，恐怕你已經高興不起來了！

道理很簡單，人類的耐性就像條橡皮筋般，它會因為短

時間內過度重複的使用，而失去彈性。它需要被釋放、被伸展、被按摩，然後再被放鬆，恢復其原本的彈性。

所以，一場精彩的演講絕對不會從頭高潮到尾。講者在開始時，先與觀衆進行破冰。接著，慢慢帶領觀衆進入小高潮。之後，他會讓觀衆放鬆。在這段放鬆環節時的演講，他會依然保持優雅、不失幽默（切記！是「保持、不失」！不是製造新的幽默好笑情節），絕對不會加入任何需要記憶，和激起太多情緒反應的故事。聽衆越放鬆，在接下來被設計好的高潮中，才能越施展其魅力！在這種進入小高潮、放鬆，再進入小高潮、放鬆的節奏下，帶領聽衆進入最終的大高潮！然後，結束演講！獲得如雷貫耳的掌聲與「高潮迭起」的評價！

這也是爲什麼近年搶攻恐怖電影市場，屢創佳績的泰國片，總在鬼片中設計搞笑橋段的原因。因爲最嚇人的不是瘋狂出現恐怖音效或畫面，而是在你大笑放鬆時，忽然出現的鬼魅魍魎！亦如我們在讀書時，若畫下太多重點就等於沒重點一樣！同樣，當一個人一直哭、一直笑、一直保持同一種情緒時，等於他即將對該情緒疲乏。亦即，接下來他將因疲乏而麻木，短時間內再也氣不起來、哭不出來，或笑不開來。

是故，當你問我，這些聽起來很隨意談天的 Podcast 節目，它們需要設計嗎？是的！做得越好的 Podcast 節目越需要精密

的設計！越放鬆的說話，越需要經過多次主持經驗的演練。放鬆，是需要練習的！

夏天最常發生的意外便是溺水。令人不解的是，戲水池的水深根本不及溺水者的腰。那麼，這一切是怎麼發生的呢？主要是因為溺水者常伴隨著一個致命的關鍵情況——「過度慌張」。人一旦溺水便會引發「慌張反應」：緊閉雙眼、雙手抓東西尋求支持、張嘴想呼救，這些都是本能反應，卻常引發嗆水，釀成悲劇。越想抓住東西獲得安全感，卻怎麼也抓不到時，內心會更加的慌亂。

所以，放鬆很簡單嗎？答案是不是呼之欲出？有些人是第一次接觸錄音器材，面對麥克風時的反應，就跟溺水者一模一樣。

那麼，該如何讓自己準備好迎接麥克風，製作 Podcast 節目呢？你真的應該先設計好節目企劃書！為你的節目畫好未來可能推行的藍圖！以下就讓我們來聊聊 Podcast 節目的企劃吧！

❶ 企劃需從本質開始

我們得再一次地探看 Podcast 的本質，以便為它穿上更合身的企劃。顧名思義，Podcast 最早是從 iPod ＋ Broadcast 而來，屬於一種預錄性質的聲音節目。因為築網路而居，而被

人稱為網路廣播。但是！它跟廣播並不相同！

第一，它讓聽眾朋友擁有一個隨選情境

聽眾可以隨時聽、隨時停。所以 YouTube 網紅 Joeman（九妹）說 Podcaster 是「聲音版的 YouTuber」。不過，這樣的說法不夠精確。因為，部分 Podcast 節目是有畫面影像的（video Podcast），如美國 CNN 電視台製作，每天十分鐘談論國際新聞的 CNN 10。也有些 Podcaster 同步錄音錄影，不僅上傳到 Podcast 平台，也放到 YouTube 上。

第二，它讓創作者擁有能帶著走的「個人影音宣傳」

Podcast 的 RSS feed 訂閱功能不但會在新節目上架時，幫助 Podcaster 自動將新集數推播至粉絲的訂閱清單。更重要的是，它不會被平台綁架！Podcaster 只要選定一個喜歡的平台，在該平台上生成 RSS，該平台就會自動（你也可以手動）上架至其他 Podcast 平台。如此一來，大多時候節目（Spotify 需特別處理）可以同時從一個平台的網路頁面上，上架到其他多個平台，擁有多個連結！換句話說，Podcast 節目的收聽者能夠從多條管道收聽同一個節目。Podcast 的去中化特色，相當明顯！

❷ 企劃需要一個亮眼動聽、充滿故事的名字

「命名」讓事物與人類之間產生了感情。一個沒有名字的娃娃，你很容易忽略它。一旦為它取了名字，無論它是否髒了、壞了，你總是會將它帶在身旁，不忍丟棄。

世界各國對於新生兒的命名更是在意！西方歐美各國會在為孩子命名時，納入好友、教母的名字，以示祝福或紀念。在哆啦 A 夢的故事中，大雄的父母希望他「平平安安的長大，做一個雄壯威武的人。」所以取名大雄。在台北龍山寺底下的命名街，不少父母爭先恐後地請命理師為出生的孩子命名，希望可以藉此替孩子求取好命的命格。

好名字亦可以幫助自己在班上更突出、更有人緣。反之，則常招來戲弄、嘲諷，甚至壞人緣。可見，命名有多麼重要！

幫你的節目命名亦是如此！好名字，時常與好故事相互連結，它是好故事的濃縮。例如，你想做一個探討國際新聞的節目，並強調新聞對我們的影響宛若鄰人。那麼，你將節目名稱取名為「會影響我們的國際新聞」，跟取名為「轉角國際——重磅廣播」，哪一個較有詩意、較具震撼力呢？又或是，你想做一個討論金融股票的節目，於是將節目直接命名為「股票」，跟將節目命名為「股癌」，哪一個更有深入骨髓的專家感？更為幽默有趣？

替節目命名，以下三招提供給你參考：

- 站在巨人的肩頭上，**將已紅的名詞、句子改成節目名**：如「萌萌站起來」、「茶魚飯厚」等。

- **將相衝突的字詞串連**，讓你的聽眾感受張力的震撼：如「大人的 Small Talk」、「小人物上籃」（通常人們印象中，上籃成功的都是大球星）

- 多看看周遭的作品名：打開 Podcast 列表、或到書店走走看看暢銷書名、或上網看看電影名稱，皆是提供靈感的妙方！而且，都是濃縮過的好名稱！

另外，我也要提醒你，在為節目命名時千萬要注意以下幾點：

不要取一個只有創意，但完全看不出內容為何的名字

試想一下，今天你要參加一個派對，剛抵達門口，裡面的人還未認識。一走進去，第一個想靠近誰？是那個穿著希奇、言行特別引人注意的陌生人？還是與你穿著打扮較為相近，看起來與你有共通點的陌生人？

收聽者進入 Podcast 這個平台大海，就像進入一場派對一樣，而且他的人生不會只有派對！當他進入派對，第一個找的人又不是你，你覺得他還會有多少時間來找你呢？而且派對裡什麼樣的人都有，如果他今天只是來找奇裝異服的人，你確定他就一定會找你嗎？

用名字把節目特色與內容表達出來，是讓真正愛你的人，找到你的最好方法！

我知道你很棒！獨一無二！但請不要用名字當節目名稱

　　例如：也翔的 Podcast。因為這樣只會給聽眾帶來困惑。對幫助真正愛你的人找到你這件事情上，沒有任何幫助！好！我知道，我知道你會說什麼！你會說像《呱吉》、《9m8lah8lah》、《D-Cast：聽說李玉璽》這些 Podcast 節目怎麼辦？這些節目不同樣擁有大批的粉絲嗎？

　　嘿！親愛的！請冷靜！這些是名人 Podcast。他們的名字已被大多數人知曉、狂讚和追蹤的。所以，如果你是男神，如彭于晏、阿信、蔡康永、蔡阿嘎，或是女神蔡依林、二伯、柯佳嬿，亦或是財神亞馬遜執行長 Jeff Bezos、微軟創辦人 Bill Gates、股神 Warren Buffett，又或是運動明星、社運代表等。那麼我會竭誠萬分的說服你──請用本名！用！盡量用！大膽用！一定要用！因為已經沒有什麼比你的名字更具號召力的了！

記得查 Google ！

　　無論你取了多棒的名字，節目一旦上架便是全球收聽。所以，請在上架前，用 Google 搜尋一下，名字是否有人用過。這麼做不但可讓你更加了解市場，亦可省去名字侵權的官司疑慮。畢竟世界太大，也許某角落正有個跟你的想法一模一樣的 Podcaster，而他比你快一步將節目上架！

　　此外，在節目中，你也可以幫自己取一個更爲好記、動聽、有梗的名字，增加你的個人特色，拉進你與聽眾之間的距離。最後，你還需要一個 Slogan ！它就像是你與聽眾之間的暗號一般，是一種親密且容易被記憶的打招呼方式！同時，它能即刻表達節目的整體概念，讓新朋友火速了解，並喚醒老朋友去回憶過往收聽你節目的美好經驗。

　　我在唸書時，有幸成爲彭懷恩教授的學生。彭教授相當受學生的喜愛，上他的課總能得到許多有趣的梗句。正如彭教授自己說的，要站在巨人的肩頭，你才能看到更遠的地方！他自創的名言佳句更是數十年後仍令人難以忘懷的，被學生們稱爲彭語錄。

　　「在哪兒摔跤，就在哪兒躺下！」（要在擅長處多下苦功啊！）

　　「吃得苦中苦，方可踐踏很多人！」（一將功成萬骨枯呀！）

「人生苦短，所以別吃苦了！」（要懂談笑間讓煩惱灰飛煙滅！）

「軟飯有助消化，不錯哦！」（要懂得時代轉變，男女分工不必僵化！）

　　如果在你的節目中，也能出現深入人心，讓人久久難忘的 Slogan，你覺得怎麼樣呢？把你的話包裝一下、精鍊一些，創造出動人的名句，效果之大，不可小覷。要創造這樣的 Slogan 並不難，想想你曾經讀過的書、看過的電影、聽過的話，能不能也改一改、變動一下順序呢？真正的創意從來不是憑空而生，最棒的創意都來自於已有的日常。像上述的語錄繁多不及備載，試想，如果彭教授是直接叨叨絮絮的對學生們說教，他們還能得到這麼深刻的啟發嗎？還能夠長久刻在心中，多年不忘嗎？

　　真正好的創意，永遠只比其他人快一步！只要你說出口，聽到其他人說：「哎呀！真妙！我怎麼就沒想到呢？」就代表你剛剛已提出了一個絕佳、會紅的好創意了！

❸ 創造一個以 3 為基礎的世界

Podcast 節目的企劃雖然不用像大眾傳播媒體，例如電視台、廣播電台一樣，有固定的時間限制（如片頭長短、何時進廣告、小單元的時間長度等），不用刻意在幾點幾分做什麼事、進什麼單元，甚至每集的長短可視節目內容多寡而有所不同。所以在寫企劃書時，對於時間的掌握可謂相當彈性。

但是，整體的企劃書寫仍要鎖定該集的目的，並留意前面提到的傳播效果與觀眾耐性之間的關係。所以，你必須相當清楚，今天這集節目主要傳達的內容會是什麼？我建議，最好不要超過三件事，節目長短也最好是 3 的倍數。

● Point

節目主要傳達的內容不要超過三件事，時間長短也**最好是 3 的倍數**。

為什麼呢？因為現代人大多都是金魚腦！

人是相當聰明的生物，會想盡辦法的休息。所以，當電腦、手機、平板可以晉升成為我們的筆記本，記下一切的事物時，

人類就不想記東西了！於是乎，在這些科技尚未發達的時候，人類可以記下多組電話號碼、親近家人的身分證字號，但是現在，恐怕連自己的電話號碼都不一定記得清楚！大腦的記憶肌肉太久沒活動了，會習慣於不啟用。所以，我們也越來越離不開手機，它已經不再只是我們的通話工具，更是我們的第二個大腦！

面對健忘的現代人，要怎麼樣才能夠讓對方記得你呢？在《跟 TED 學表達，讓世界記住你》一書中，作者 Carmine Gallo 要我們牢記好用的 3 的世界！

人類對於「3」有特別的情感！我在現實生活中，也發現到了這點。姑且不論美國總統歐巴馬後來的政績如何，但他畢竟就是破天荒被選出的第一任黑人美國總統。他當時的競選宣言震天價響，就是烙印在大家心中的三個字：「Yes we can ！」

腦神經學家 Jill Bolte Taylor 在 TED 上進行的演講，也都是以 3 為單位，每次幾乎都是 18 分鐘（3 的倍數），再細切切成 3 等分，談三件事。

我自己也在課堂上對大學生做過類似的記憶實驗。我讓學生們觀看他們喜愛的星座專家影片，結束後，詢問他們對於星座專家說的內容還記得多少。結果，班上三分之二的學

生只能記得她說的前三個星座內容。所以，如果你想要消除一個人的記憶，可以做這樣的實驗：連續對他說八件事，包準他連你說的第一件事的印象都會變得模糊。

這說明了一件事：Podcast 節目不該只是一味沒有重點的閒聊！那只會讓節目內容模糊不堪，毫無記憶點，最終吞噬了節目，讓這節目從聽眾的心中徹底的被遺忘。

不多不少，**「3 的世界」讓 Podcast 節目變得立體且具備記憶點**，敦促聽眾：記得收聽！也讓聽眾在收聽時，輕鬆的找到該節目並記得該集重點！這是一項相當需要經驗的活！

④ 維持長度的穩定，才能創造偶發的驚喜

在第二部分，我們談到了現代人的變動性，與渴望被愛的穩定需求。所以，雖然 Podcast 節目沒有硬性規定每集的長度一致，但是，我還是強烈建議你最好維持每集長度的一致性！讓聽眾感受到穩定的安全感。

試想，你喜歡在看影集時，發現某幾集時間比較長，某幾集比較短嗎？通常在準備接收這個世界的傳播訊息時，我們在心中會有個大致的預期。預期它的時間長短大抵相同、敘事節奏與風格大抵相同、內容屬性大抵相同。

這就是為什麼即便全世界都已經瓦解了好萊塢的拍片模

式，它依然能夠票房長紅！因為，它就是這麼穩定！穩定到有公式可套、穩定到你幾乎能夠預料到故事大概的走向，但是其中又暗藏你想像不到的驚喜！

要知道，驚喜是在多次的相同中創造出的偶然。因此，它平時一定得有穩定的基礎！否則，驚喜難以躲藏其中。

❺ 開頭注意力，結尾記憶力

對於不需要太刻意記掛幾點幾分一定要播什麼、做什麼事情，只需記住「三的記憶」原則的 Podcast 節目，主持人有更多的時間與能力，盡力鋪陳節目的節奏，創造精彩的聽覺饗宴！

節目開頭精采絕倫，30 秒好菜上桌

但是仍然有必定要在某個時刻完成某事，才能夠在眾多節目中脫穎而出的要求。例如： 過往，視覺藝術運動普普藝術的開創者之一安迪・沃荷（Andy Warhol）曾說：「每個人都會聞名於世 15 分鐘！」然而，隨著科技日新月異，在世界越轉越快的情況底下，人類對時間的感受再次突變了！

你可以想像：今天休假在家，決定看喜歡的電視劇。打開筆電，在挑片的過程中，如果有個影片前面硬要跑個廣告：珍妮佛・羅培茲（Jennifer Lopez）站在收銀台前質問收銀員，

是否剛剛攻擊她的村莊？……而且還要跑 30 秒才會停下來。請問你會乖乖的看到第幾秒才離開這個網頁，繼續挑片呢？

我相信大多數人的答案都是短短的 5-6 秒內！為什麼呢？你討厭珍妮佛嗎？還是攻打她村莊的人其實是你？都不是嘛！那是為什麼呢？因為你已經看過這支影片無數次了！你早已經厭倦、疲乏了。更可怕的是，你還得忍受這麼長且無趣的時光！這種程度已經可算是靈魂謀殺了吧！算了，人生苦短，難得想休息，何苦這麼累？

現在，你還覺得自己有 15 分鐘的時間，讓聽眾慢慢聆聽，再決定是否換一個節目嗎？當然不！一項可怕的事實是，你其實至多只有 30 秒！換言之，為了讓聽眾為你停留，你得在一開始就將好菜上桌，才不會將人嚇跑！**初始印象決定了你初期的受眾多寡！**

在這，我還要再提醒你一件事！你當然可以很熱絡地與你的忠實聽眾打招呼、聊天，但是也請記得，節目會隨時有新的聽眾進來，你要做到面面俱到。

小學見到新同學總有緊張、興奮、尷尬與不適。如果這時，我們踏進教室，看到的是早已經形成的一個又一個的小圈圈，只有自己在圈外，我想你的感受一定不好吧？而這，就好像你在節目一開頭，只顧及原本的忠實聽眾，忘了新朋

友。那麼，你的新聽眾會覺得自己是多餘且不被需要的，自然就會漸漸離開。

結尾告別聽眾時，一定要抓住他的好奇心！

終於，客倌入席了，這時你只要做到「好好地說再見」！那麼，他必定會記得你，並持續收聽！什麼是「好好說再見」呢？簡單的說，就是讓他感受到與你的情感連結。比如 YouTuber 在最後，會請粉絲「訂閱、按讚、打開小叮噹」，讓粉絲感受到，YouTuber 渴望與他下回相見！更高竿一點的作法，則是讓聽眾覺得故事仍有後續，或者似乎還有什麼事尚未完成，就像古時天橋底下說書的，總會在最精彩處嘎然而止。

但是現在的粉絲和以前不一樣了，如果你在節目最精彩的地方，忽然停止，要大家下回再收聽，大家只會氣噗噗地覺得，他們浪費時間聽了一個巨型廣告！

所以，在節目中，你仍然要把該集重點談完。之後，你可以做與粉絲互動的連結，比如鼓勵大家留言，並表示自己會在下集節目中回應與回饋。或是將這集節目中可以衍生、大家聽了意猶未盡的枝節事件單獨拉出，於下次做更進一步的說明。又或者做下集節目的預告，讓大家心生期待！這些都是不錯的方法。

如果你可以把節目的頭尾顧好，節目肯定精彩萬分！這在心理學中有個學術名詞，就是「時近效應」。

　　一般而言，大家在說再見之後，容易回想起來的正是說再見時的那一刻！加上剛見面時的吸引力（初始效應）影響，在這中間發生的事、說過的話都不容易被記住！所以，頭與尾將是決定聽眾判斷該節目在記憶中動聽與否的關鍵所在！

● Point

製作 Podcast 節目，最重要的是頭與尾，這將是聽眾判斷節目在記憶中動聽與否的關鍵！

3-2))

Podcast 的探險實驗

看到這裡，你應該已發現 Podcast 節目相當自主和彈性，為主持人保留了許多發揮空間。若說 Podcast 是讓人探險的創作叢林，或是讓人肆意發揮創作精神的實驗場域，一點都不為過！

所以，在進行 Podcast 節目企劃時，我強烈的建議你，**拒絕逐字稿**[3]！每年廣播金鐘獎評審都會針對被淘汰的節目發表評語，其中之一就是「**不要唸稿！**」沒有人喜歡聽到沒有情感的句子，那樣不好！沒有人味！

反之，我要鼓勵你，在沒有邊界、沒有演出型式限制的 Podcast 世界中，大膽玩耍！只要設定好今天要談的主題、幾個精彩段落，與讓聽眾有喘息空間的平穩休息時間。一個吸引

---

[3] 在演講、廣播前，事先將每個字都預先寫出來。待正式開始，再逐字演說的稿子。優點是對於內容與時間有一定的把握，缺點是無法應付突發狀況。

人的開頭、一個溫暖的結尾！接下來，就盡情的、快樂的玩耍吧！

光是目前我所觀察到與想像到的探險實驗，便有三個大方向：

❶ 空間上的實驗

有一回，愛旅行的社會學家李長潔邀請我上《偽學術——認真聽》的節目。碰巧錄音設備將我和他的聲音錄成左右不同聲道。也就是當聽眾在聽那集節目時，左耳只會聽到他的聲音，右耳只會聽到我的聲音。原本，他害怕這樣的錄音品質會讓聽眾覺得聲音不平均，沒想到，卻意外地收到了聽眾的好評回饋！

「我很喜歡這樣的感覺！就像你們坐在我面前聊天，左邊是愛旅行的社會學家，右邊是受訪來賓，而我夾在你們中間！感覺很親近！比環繞音響還要讓我有臨場感！」

收到了這次的好評迴響，不禁讓我起了玩心，開始想像：如果當時我們針對左右耳不同的出聲狀況，做更有張力的對話互動，結果會是怎麼樣？

❷ 型式上的實驗

在台灣最常看到的 Podcast 節目型式，無非是講述故事、訪問不同來賓、報導新聞（有些中間會穿插記者的採訪帶）、進行某項排名的評比（例如學生餐優敗）、對聽眾的問題提出建議、回顧經典作品（書、電影、或 Podcast 節目本身的回顧），或是由多個不同型式、不同段落的小單元在同一主題下各自展演（例如同一節目在訪談後出現表演，末了還有採訪帶）等。

國外則已經開始出現了以上節目型式的多樣變型。例如：

圓桌會議

例如《*Culture Gabfest*》、《*Lovett or Leave It*》。這類型的節目類似於台灣的政論節目，藉由不同觀點的主持人，針對同一議題或想法進行辯論。不過，由於只能聽聲音，看不到人，我建議最多三人就好。以免造成聽眾的混亂，不利收聽！

紀錄片型式或調查

例如《*Revisionist History*》、《*Serial*》。國外有將單集或一整季節目拿來探討完整事件的紀實型節目，詳盡探究事件發生的原由與事件真相。也有主持人直接當起調查員，探討事件、解開謎團，甚至進行有罪、無罪的判決。

遊戲型節目

例如《*Ask Me Another*》、《*Wait Wait Don't Tell Me*》。來賓透過回答問題、參與系列挑戰，獲取勝利。但是在設計題目時，必須要考量到聽眾只能用聽的，無法親眼目睹。所以應當盡可能地設計與聲音有關的題目，讓聽眾有參與感。節目甚至可以善用其他管道，如社群媒體，製作能讓聽眾共同互動的活動！

複合型節目

例如《Beautiful Stories from Anonymous People》。主持人會接聽匿名且不可掛斷的來賓電話；所以它既是訪談，又是某種實境。如果聽眾不讓主持人有打斷的機會，它甚至還會變成是來賓說故事。於是，訪談、實境、說故事多種型式在同一時空中角力、變形。

《Ear Hustle》則是由受刑人與藝術家在監獄主持、製作。一方面由受刑人自述監獄生活，一方面探討社會正義，它成了一個既是紀錄、又是實境，甚至涉及調查報導的多元型式複合體。

現在，讓我們回到台灣。深呼吸，仔細想想有關於你、你手中的資源、你想做的節目、想對聽眾表達的事，你會用什麼樣的方式來玩你的 Podcast 節目呢？

❸ 內容上的實驗

在我和李長潔談論 Podcast 時，他曾向我提出一個相當有趣的觀點：「**人設在 Podcast 裡面，真的很重要！**你不覺得如果今天有一個主持人，他的人設就是三十年後的敗犬女王，感覺很有趣嗎？」

是啊！我打心裡完全同意！如果真有人做了三十年的敗犬女王，我一定會準時收聽！

這次的談話與以往一樣，給了我很大的啟發！過往，我們對於 Podcast 的節目內容，想的都是現在的時空。那麼，如果換個時空會怎麼樣？如果主持人可以變成其他身分，又會怎麼樣？什麼樣的人設會讓你感到有趣呢？現在的網紅都有虛擬 ID，Podcast 可不可以也有呢？

在國外已有多個 Podcast 節目，其內容是向聽眾講述作者自己虛擬的世界發生的虛構故事，例如《*Welcome to Night Vale*》、《*Homecoming*》。此外，尚有 Podcast 節目《*Everything Is Alive*》專門訪問沒有生命的物體！

你是否也想到了什麼有趣的點子了呢？

3-3))

國內外知名 Podcast 成功心法

▶ 設定企劃案呈現完整節目定位

一個好的 Podcast 節目需要設計出良好的企劃才能順利完成編輯製作，這其中包括了明確的主題、精心設計的 Slogan、多元的角色創造、完整的腳本設計等。先依照自身的興趣選擇主題，之後再提出適合的節目型式，確認內容是否符合聽眾的喜好，透過不同的主持方式營造節目的獨特風格，最後進行節目命名及製作口號，以加深聽眾的印象，且能幫助他們易於了解內容特色。

● Point

一個好的 Podcast 節目需要設計良好企劃

企劃案必須要能完整地將節目做好定位，隨時突破固定的框架，從日常生活經驗中挖掘新的題目，並具備短時間之

內把故事說好的能力，透過良好的協調力來整合手邊資源，讓企劃主題順利錄製完成。

　　本章將分析展演具特色企劃的 Podcast 節目，詳述其吸引聽眾收聽的原因，例如以 Youtuber 身分受到粉絲歡迎的好味小姐，由於自帶流量且能幫助電商產品的推廣及品牌形象建立，因此搭上潮流，跨足 Podcast 領域推出《好味小姐開束縛我還你原形》。相較於部分網紅只是將直播內容的聲音放上平台，《好味》改以分享日常為主，成員在節目上談論自己的體驗，提供粉絲參與生活的情境。《The Moth》原本是非營利組織，鼓勵人們分享自己人生中的大小故事，再將累積的故事內容放上 Podcast，也持續錄製新的內容，透過對主題內容的反思，以及深刻體驗他人經歷的事情，讓聽眾對自我的生命能有不同的認知。

▶ 受限於以聲音呈現，企劃不可照搬直播內容

　　由於 Podcast 受限於只能以聲音的形式呈現，因此需要設計更具吸引力的企劃內容來吸引聽眾，《好味小姐開束縛我還你原形》乃是由 Youtube 頻道上頗具人氣的直播主《好味小姐 Lady Flavor》於 2020 年 7 月創立而成的。這個節目整體的主軸為好味夫婦及其攝影師三個人一起閒聊各種日常生

活當中的瑣事，中間不時會夾雜一些好味小姐養的貓咪們亂叫的聲音，因此讓三人的對話不僅只有閒談，還多了一些插曲、新意，輕鬆引領閱聽眾進入情境，該節目也入選了 2021 年第一屆 KKBOX 年度 Podcast 風雲榜的年度風雲 Podcast 名單，深受喜好貓咪的聽眾歡迎。

回顧《好味小姐》成立的歷程，最初是由陳璦安、黃奕傑、尤葦凡三位念工業設計大學暨研究所的同窗成立的，為了提供貓咪更健康的食物，2016 年他們創辦寵物電子商務《好味小姐》，主打貓咪鮮食產品；為了塑造品牌形象，開始拍攝並上傳各種烹飪貓鮮食的影片至 Youtube。企劃內容包括鮮食料理菜單、貓咪生活花絮、照顧貓咪相關知識等，目標是透過影音內容行銷，鼓勵觀眾購買、嘗試讓自己的愛貓食用鮮食，進而帶動電商產品的銷售。之後隨著 Podcast 的興起，便進一步經營 Podcast 節目。

▶ 設計符合聲音特色的節目企劃，亦設計 Podcast 專用新 Logo

這個團隊最初以貓咪作為構思核心，希望透過具創意的內容設計，將影音節目圍繞著此逐漸衍生出不同的題材，形成具體輪廓的氛圍；然而不同於 Youtube 上以記錄貓咪相關

內容為主，他們在 Podcast 節目裡則是發表他們對生活各種獨特、有趣的想法和意見，其中也忠實記錄好味小姐懷孕生產過程中個人的狀態和感想。此外，在 Logo 設計方面，《好味》的名字構想原本是「原形」，但 Podcast 節目 Logo 的設計則變成「原型」，兩者在文字設計上出現差異，透過創意形成令人吸睛的展現。

由於三位主持人彼此已經有數十年以上的合作經驗，在主持方面默契十足，談論話題時總是可以找出各種梗彼此吐槽，輕鬆詼諧又帶點溫暖體貼，因此喜好收聽聊天及知識性內容的閱聽眾就會被他們的魅力所吸引，該節目成功型塑出適合在平日通勤期間、晚上就寢前或是做家務事等各種放鬆的時刻收聽。

關於角色創造方面，以陳璟安扮演的好味小姐為主角，她親切隨和且生動活潑地引導整體節奏，搭配聲音表現較為沉穩的剪輯師以及幽默詼諧的攝影師共同加入互動，三個人各自扮演好自己的定位，在節目中帶出許多不一樣的火花，經營節目獨特的風格。每一集都像是朋友和你閒聊般，不知不覺便進入主持人所設計的情境當中。內容並不僅限於以貓咪為主，討論的主題非常廣泛，例如在第 10 集「真的在月子中心錄！生寶寶的奇幻旅程」，好味小姐因為生完入住月子中心，就直接在中心錄製節目，分享她生產的過程和心得；

夫妻兩人詳細描述在醫院及婦產科的所見所聞，如產前檢查、等待生產期間所發生的事情，從陣痛到孩子出生的經過，同時亦回覆攝影師提出的問題，讓聽眾不只吸收到許多關於懷孕的各類知識，也能參與夫妻的生活，一同共享即將到來的新生命的喜悅；之後推出的內容也延續養兒育兒的話題，並擴及家庭生活和她的人生經驗。

▶ 選擇一個場景，將聽眾帶入敘事中

　　總部位於紐約市的非營利組織「飛蛾」（The Moth），起初是由詩人和小說家 George Dawes Green 於 1997 年所創立，且致力於提供藝術和手工藝相關的故事。在美國和世界各國／地區巡迴舉辦不同主題的故事講述活動，通常以傑出的文學和文化人物作為特色。2009 年起這個組織每周提供同名的 Podcast 節目，並於全國公共廣播電台（NPR）開設《飛蛾電台時間》（*The Moth Radio Hour*）。George Green 最初成立的原因在於，他想要重現家鄉喬治亞州夏日悶熱的夜晚，飛蛾被門廊上的光線吸引而來，如同和朋友們聚集在一起，彼此講述許多引人入勝的故事。這個非營利組織每年都會在美國 25 個城市，如紐約、洛杉磯、芝加哥、底特律等，以及美國以外的地方（如倫敦、都柏林、雪梨和墨爾本），舉辦500 場說故事活動，提供給聽眾一般市井小民、文學或文化人

物的獨特觀點。該 Podcast 每周有超過 500,000 次的下載量，2018 年節目的下載數已經超過 6,100 萬次。

此一節目以其展現豐富的人性體驗而聞名，每集都會設計特定的主題為開端，講故事的人通常以令人出乎意料的方式探索主題。由於故事內容都是真實的，而且每個說故事的聲音均是可信的，所以表演的形式往往介於紀錄片和戲劇之間，為聽眾創造獨特、親密且經常啟發出不同的個人經驗。《飛蛾》提供舞台，讓普通人能夠自由地分享一些對自身而言與眾不同的事件，而這些事件曾以某種形式影響或改變了他們的生活。故事的內容可能很有趣、可能令人難過，甚至是痛苦的，卻在這些你並不認識的人的生活中呈現出真實的時刻；到了午夜夢迴時，聽眾可能還會覺得自己已經與他們共享了不可或缺的經歷。

由於故事占節目的主要部分，因此需要提前 10-20 個小時進行製作和準備工作。儘管是由人們的故事構想開始著手，但是導演會將所有的內容段落抽離出來加以檢視，此時會發現，故事的主旨完全是另外一回事，因此團隊會與說故事的人合作，以便在故事的情節和反思之間進行取捨。《飛蛾》上的故事並不一定總是以好的結局作結尾，因此導演和講故事的人之間會有很多溝通，他們會事先審視，以確保是一個完整的故事，而不是由一些故事編輯而成。一般而言，故事長度大約

10-12 分鐘，這不是演說，不是記住、朗誦或表演出來的獨白，而是如同和 500 個陌生人聊天一樣，彷彿他們是你最熟悉、最要好的新朋友。

◉ 透過真實內容建立同理心

Podcast 內容含括了一切事物，說故事者告訴聽眾一些轉折點般的重大事件，但是他們也會講述生活中的一些微小時刻，就像將樂高相互疊放在一起。這些故事深入探討了個人的經歷，充分揭示我們的優點、缺陷、恐懼、幽默感以及書本中其他各種人性特質，是原始且密切相關的，每個在《飛蛾》上訴說的故事都像是一個人們的祕密私語：可能是如何處理一個尷尬的時刻，或面對一個家庭成員死亡的感覺。如美國作家 Elizabeth Gilbert 分享好友兼伴侶面臨絕症的故事，她以柔和的聲音和幽默感敍述著，以樂觀的態度說明伴侶 Rayya「鴨霸」的性格，以及在她去世之後，如何與社區打交道；或是喜劇演員 Jessi Klein 講述尋找自己夢寐以求的婚紗的過程；故事不僅包括時尚流行服飾，還涉及順從、友誼和尋找自我的壓力，儘管有些故事可能只包含一些輕描淡寫的內容，但仍值得收聽。

節目鼓勵全球各地的聽眾透過電話推薦自己的故事，建

議別僅訴說自己日常生活的瑣事，而是選擇一個場景，能眞正將聽衆帶入當下發生的事情裡，讓大家知道爲什麼只有你可以講述這個故事，這種體驗所涉及的具體細節和感受對說故事的人而言絕對是獨一無二的。故事對個人就像指紋一般是專屬的，能夠揭露說者最眞實的一面。當初節目名稱故意不取名爲「蝴蝶」而是「飛蛾」，就是因爲飛蛾翅膀的邊緣都有些粗糙，而故事也是如此。《飛蛾》開始於喬治亞州聖西蒙島的一個門廊前，在那個地方無法收看到電視，當朋友們分享他們生活中的故事時，飛蛾在燈光下盤旋，直到深夜，這也是節目製作團隊所試圖傳達的感覺。

3-4))) 寫一份 Podcast 的簡易企劃書

如果你剛接觸 Podcast，那麼我建議你可以從最基礎的企劃開始做起！

❶ 訪談型

節目名稱 ⟶ **台灣問事**

一、台呼：台灣問事 你要問什麼事？ ← Slogan

二、節目主持人：阿丹老師、小野老師

三、特別來賓：好朋友 ♪♪

四、開台的目的：透過與來賓聊天互動的方式，解決你我的心事

五、節目內容：各行各業、專家生手、作者、老師對談與生活百貨

六、節目單元：你要問什麼事、XX 來問事、沒事找事

七、更新週期：每週三或隔週週三 ← 定時上架、固定時數

八、節目規劃： 1. 第 0 集：智庫夥伴預告節目

2. 第 1 集：節目內容正式上線！

備註：為了宣傳節目，台灣 Podcast 節目通常會設計第 0 集。用來介紹主持人、節目、開台目的、節目內容與單元，以及未來上架與更新時間（粉絲養成不易，最好別讓他們等太久！最好一週一集，不然也要兩週一集！）

以 30 分鐘的節目為例，15 秒的小片頭（類廣播劇或音樂，用以營造節目氣氛情境）後進入節目簡易 Rundown：

節目簡易 Rundown		
	內容	優點
Opening	設計與主題相關並吸引人的開頭橋段	30 秒至 1 分鐘
主題	設計三個與主題相關的故事、議題	20 至 25 分鐘
收尾	創造一個與聽眾連結的契機	3 至 5 分鐘

想一想，這樣的設計能帶來什麼樣的收聽效果

備註：有些 Podcast 節目也會設計固定音樂或音效作為片尾，以包裝整體節目，讓節目感覺更完整、更有質感。同時，也建立與聽眾之間的互動與默契，即聽到此音樂或音效表示節目結束。達到非語言溝通的功效！

② 採訪型

Podcast 屬於社群媒體的型態之一，既然是「社群」，自然很重視群體多變化的互動與溝通型式。因此，一個成功的 Podcast 節目，也會時常藉由採訪的方式，集結人氣！聽眾喜歡節目主動出擊，突破在一原點不動的概念，更愛參與後台的感覺，亦即與 Podcast 主持人一起冒險採訪的時光！

不過，既然好不容易出外景去採訪，對於主持人或來賓都有一定程度上時間與勞動成本的投入，自然希望達到更好的宣傳效果，因此建議節目時間不宜少於 20 分鐘。

以 30 分鐘的節目為例，15 秒的小片頭（類似廣播劇或音樂，用以營造節目氣氛情境）後，進入簡易節目 Rundown：

節目簡易 Rundown		
	內容	優點
Opening	主持人開頭可先談採訪動機與邀約過程	30 秒至 1 分鐘
主題	設計訪賓與聽眾互動的對話情境（比如事先收集聽眾問題）	20 至 25 分鐘
收尾	訪賓若為廠商可設計抽獎活動，若為意見領袖，可設計真情告白、自我揭露的環節	3 至 5 分鐘

想一想，這樣的設計能帶來什麼樣的收聽效果？

第 4 部分

人人可成
Podcaster

不管你會不會一直當 Podcaster，
但是你得一輩子替自己說話！

4-1))

找到你的說話風格

心理學家凱瑟琳・布里格斯（Katherine Cook Briggs）與伊莎貝爾・布里格斯・邁爾斯（Isabel Briggs Myers）以 C. G. Jung 的理論為基礎，形成「邁爾斯 - 布里格斯性格分類指標」（Myers-Briggs Type Indicator，簡稱 MBTI），業界多用來做性格分析測驗。這裡我想先藉由這個測驗，讓你了解自己原本最擅長的說話風格是什麼？會提「原本」這兩個字，是因為我們從小到大接受許多教育，可能是與你原本性格完全不同，卻有利於社會團結與互動。但當你獨自一人時，本性還是會因為放鬆而再度出現，造成彼此拉扯的現象。這也就是為什麼等一下你在面對選項時，會覺得猶疑。但請你選擇「大多數時候」你的狀態，因為這便傾向了你原本的性格——也正是你最輕鬆自在的專長所在！

下面將有四道題目。在每一道題目中，你將會獲得生命碼，將之組合便會得到你的說話風格了！

① 精神能量從何處來？

　　首先，讓我們來了解一下你比較喜歡與人相處？還是比較喜歡獨處？在與人互動的過程中，你會感受到能量嗎？還是獨處時，你比較神清氣爽？

　　這時，你一定知道爲什麼我剛說面對選項會有猶疑了！通常，社會教導我們要與人相處，這樣才能促進社會協合。但是，你的本性極有可能是比較喜愛獨處的，卻在接受家庭、學校、社會教育後發現：哇！原來與人互動也很有趣！可是，如果要你每天參加陌生人的派對，你很可能到第三天就覺得疲憊異常了！

　　天生就喜歡與不同的人互動者，則完全不然。他可以在多天與人群互動後（無論陌生或熟悉），精神越來越好、越來越high！但是，這一類人也有可能在成長過程中發現，與人相處很辛苦！他怕自己說錯話、做錯事，會影響或傷害到他人，因而變得越來越覺得與人相處疲累。

　　在這，我想請你不要理會外在情境！不管會不會傷到人，靜下心來想想，自己是在與人互動後較有精神？還是獨處之後較爲有能量？自己比較傾向於哪一種？

　　我這邊可以再提出三個案例，讓你衡量一下自己較傾向於何方？

被拒絕時，你會怎麼想？

假設今天放學／下班，你想約同學／同事去看電影，卻遭到了拒絕。你認為是什麼原因呢？是你的因素嗎？對方其實沒那麼喜歡你？所以你因此感覺受傷？又或是，你會認為他僅是今天放學／下班後有事情要忙，所以無法赴約？他的拒絕，只是拒絕了這件事情的本身，而不是拒絕你？

如果你認為與你有關，代表你是外傾人格，與他人互動時較能取得能量，你此處的生命代碼是 E（Extroverts）；反之，則代表你是內傾人格，獨處時，能夠獲得較大的能量。你此處的生命代碼是 I（Introverts）。

你覺得這個小朋友孤單嗎？桶裡裝的是什麼呢？

我們很容易投射自己的性格與立場，這個小朋友投射的正是你的內在。覺得他沒人陪伴很孤單，你是外傾 E；覺得他獨自行走很自在，你是內傾 I。

此外，通常外傾 E 的人比較具有想像力；而內傾 I 的人比較實事求是，屬於學者型。所以，你是天馬行空的幻想著小朋友桶內存在著什麼東西？還是正在仔細研究他的穿著？憑藉著右手拿的鏟子，而研判桶內裝著的東西是什麼呢？

這兩個跑步者，哪一個比較像你？

外傾 E 與內傾 I 其實是最互補的好友。外傾 E 可以將內傾 I 拉出自己的世界，感受外頭的陽光；內傾 I 則可以讓外傾 E 坐下，靜靜面對內在的自己，有所沉潛。

記得參加 2017 年趨勢教育基金會舉辦的心理相關課程時，聽到精神科醫師鄧惠文有趣的分享：

有一天外傾 E 邀內傾 I 去跑步，在跑道上，外傾 E 看到了一棟外表特殊的房子，想去探險。但是，原本設定今天出來就是要跑步的內傾 I，相當不願。在外傾 E 不斷懇求下，內傾 I 只好答應。結果，外傾 E 一打開房子，原本期待裡面會有神奇老婆婆或小精靈，卻大失所望！因為，裡面只有許多古書、古玩。這時，換內傾 I 感到有趣了。正想好好研究，外傾 E 又說要去跑步了！這兩個人因此吵架，一前一後都去找榮格！

外傾 E 跟榮格說：「我朋友真奇怪！要他去那房子探險，他不要；等到了，他又不願離開了！」

內傾 I 跟榮格說：「我朋友真霸道！跑步跑得好好的，忽然要去古宅探險；等到了，他又說無趣要走了！」

我想，你我都知道，這是個性的問題！但藉由這樣的故事，有沒有讓你更了解自己偏向於哪一類型呢？

❷ 如何應用你的感知功能？

現在，請你想一下，你剛剛吃掉的那一餐，裡面有些什麼呢？是鉅細靡遺的從餐具的樣子、菜色的位置與長相，到它的味道，甚至有幾顆豆子、幾個蛤蜊、幾片大蒜都全部印在腦中？還是約略記得有菜，還有飯？

這邊我們要來了解的是，你是怎麼感知這世界的？如果你常記得謹小慎微的事物，那麼此處你的生命代碼是感官 S（Sensors）。如果你常以好像、大概、差不多的方式去記錄生活，那麼此處你的生命代碼是直覺 N（Intuitives）。

感官 S 的人總喜歡先聽事情的細節，再慢慢的告訴他，最終的結果。而直覺 N 的人總喜歡先聽未來的藍圖，再慢慢思考如何達成。所以，對感官 S 的人說話，如果一開始就說藍圖，他不會像直覺 N 的人一樣，覺得看到讓人振奮的希望。他只會覺得你在畫不切實際的大餅。而面對直覺 N 的人，如果你一開始先從事件的小地方說起，他也不會像感官 S 的人一樣，覺得你做事心細詳盡。他們會迫不及待的想知道結果，並且會覺得一直說細節的你，相當嘮叨。

❸ 如何進行你的決斷？

　　此處我們要來看你是如何下決定的！當你有煩惱時，你是屬於需要一個人冷靜一下，靜靜思考？還是屬於需要與人聊聊，並且常能從聊天的過程中，得到解決的辦法。有時，甚至對方還沒發言，你便已在邊說、邊思考的過程中，自己替自己找到了方法？如果你是需要獨處思考的，此處你的生命代碼是靜思邏輯 T（Thinkers）。若你是需要藉由自己邊說話邊思考的，此處你的生命代碼則是溝通評價 F（Feelers）。

　　有個情境可以假想一下！今天，你的公司同仁／學校夥伴或 Line 等社群正在團購。你是即便自己之前就想要那個團購商品，但在他人詢問你時，仍說需要想想再回應的人？還是不管那個團購物是什麼（你甚至沒搞清楚是什麼東西），只要有人問你，你便先一口答應。之後，想想自己不需要，再退出的人？

　　如果你是前者，不管是不是自己要的，先想想再回應，那麼你是靜思邏輯 T；如果你是後者，不管清不清楚那是什麼，先答應再想想，那麼你是溝通評價 F。

❹ 你面對外在世界的方式是什麼？

　　這裡要了解的即是你的態度問題了。你是每天都必須按表操課的人？還是隨遇而安，船到橋頭自然直的人呢？在行

事曆上記下每天每時的行程，會讓你有壓迫感？還是會讓你感到較爲放心呢？小時候，每年的寒暑假作業，你是隨興而做，有時全部趕在最後一天做完？還是一開始就把它全部做完或每天規劃做一些呢？

如果你是按表操課，從小寒暑假作業都在一開始或每日規劃中完成的。那麼，此處你的生命代碼是條理目標 J（Judgers）。如果你是興之所在，行爲之所在，此處你的生命代碼是彈性當下 P（Perceivers）。

這題也與第一題一樣，都是較爲難以作答的一題。因爲，整個大環境從小到大，都在教導我們如何有條理地成爲 J，才能好好地與他人合作。

所以，要請你幫我回想，若是所有外在情境一概不需考量，真正的你做哪一個最自在呢？是彈性當下 P？或是條理目標 J？

或許你可以想像假設今天你的工作一定要有合作夥伴，共同完成一個長達八個月的工作。雖然是合作，卻需要你們彼此分工，各自做完自己份內的事。你比較喜歡密集跟對方交換工作進度？或是每隔一段較長的時間再交換進度就好？如果你比較喜歡密集交換，那麼你傾向於條理目標 J；如果你比較喜歡每隔一段較長的時間再會合討論，那麼你傾向於彈性當下 P。

做完以上四題，我相信你已經找到了自己的生命代碼。請把它組合起來。例如我在這四題中的答案分別是：外傾 E、直覺 N、溝通評價 F、彈性當下 P。所以生命代碼是：ENFP。

以上四題共會獲得十六種不同的組合。這些組合分別代表十六種不同的潛在人格。用你慣用的人格，發展最擅長也最能應用得宜的溝通術，自然而然的說出一口漂亮的話！輕輕鬆鬆，自在地做好主持的工作！

這時，你或許會有疑問。坊間許多教人如何主持的書，不都說要找到自己的崇拜對象（如曾國城、于美人、眼球央視等知名藝人或網紅），然後多多向他們學習嗎？沒錯！但這就好比我們在成長過程中，家庭、學校與社會想要讓我們養成能夠與他人更易合作的人格是一樣的（想想那些讓人頭疼的家規、校規）！它並不是你原始的樣貌，越符合各式規矩的，反而越沒了靈魂。偏偏主持人是最需要靠現場氣氛靈動的，他必須充滿靈魂的帶動人群！更何況，你在私下無人時，仍會無法忘情的展現屬於你自己的魅力，不是嗎？

主持人的型態百百種，節目才能千變萬化。倘若主持人的聲音、語氣、說話方式都一模一樣，那還有「個人特色」嗎？每一個被人誇讚的主持人，都有著只屬於他自己才有的個人特色！

每一個主持人都有著只屬於他自己才有的個人特色！

　　再舉一個實務上的經驗跟你分享！我大學四年級時在南陽街教國語文，那裡的名師們個個宛若藝人（事實上，每間補習班也都以藝人形象包裝老師們：幫老師們取藝名、拍宣傳廣告、錄製影片等）。小菜鳥的我初上講台，急著找個可以效仿的對象！那種感覺就像是你漂浮在大海上，急著想抓住一根可以支撐的木頭一般！

　　我看到許多男老師，上課風采迷人，更常讓學生們捧腹大笑！於是，當下就想學他們的上課技巧。但是，問題來了！我發現男老師讓學生們哄堂大笑的段子常與黃色笑話相關連，這類的笑話由我來演繹並不適合，只好作罷！後來，我又去看了另一位讓學生們為之傾倒的女老師授課。她上起課來有種讓人如沐春風之感，想不認真聽她說話都難。很快的，她又成為我學習的榜樣。但是，無論我怎麼仿效她的舉手投足，看起來卻像東施笑顰。

　　在找模範、瘋狂學習的過程中，我相當痛苦，那時，信

心更是跌落到了谷底。無論我找到多厲害的效法對象，我都不是他（她）！就這樣，在不斷失落、模仿失敗的情境裡，最後我連怎麼拿麥克風上課，都差點忘光！

某一天忽然收到一位學生的紙條：

老師！謝謝妳親切的教我們把古人當朋友，現在唸古文不再那麼痛苦了！

這幾句簡單的話對當時的我有著極大的鼓舞，他的話把我的自信心從地心強制召喚回來。當下我決定了，什麼都不管，顧好當下吧！畢竟，我從小到大，在交朋友的時候，最大的特質就是「親切」。但在這幾週不斷追尋、模仿他人的過程裡，面部表情根本無法放鬆，一直都是僵硬的模樣，怎麼可能親切呢？

自那天開始，我不再強硬地想要將自己變成某人，而是努力的將目光放在教學內容、與學生之間的應對進退，以及上課時整體班上的氛圍！

結果，神奇的事情發生了！幾乎每堂課我都可以聽到學生們的笑聲，接收到他們專注的眼神。我重新做回了我自己，並且希望他們在學習課程內容時，不要過於沉悶，想帶著他們一塊用我認為比較有趣的方式來學習。就這樣，我以自己

的原始樣貌爲基礎，繼續找有趣的事物，以及我可以比較輕鬆達成的說話效果，去開拓眼界、學習自己感興趣的技能。而這些又重新在我的課堂或往後的主持上發揮了莫大的功效！

你呢？你是哪一型的主持人呢？讓我們回到這章開頭的心理學測驗吧！

「ESFP」和「ESTP」
變色龍性格

這類型的人善於快問快答的即時回應，並能從中找到說話的樂趣！因爲天生具有良好的觀察力，總能掌握當下局勢，即時發言。

通常，他們會像變色龍一樣，依照不同的環境，改變不同的心境，說出不同特色的話語。談話時充滿高度彈性，相當適合當現場主持人！在主持現場節目時，會因臨場的變化挑戰，而感到即興式的滿足，並且能有條不紊的處理節目內容。

「觀察與行動」是他們最勇者無懼的主持風格！
擅長的主持風格：

ESFP	ESTP
⇨ 現場活動，需要主持人見機行事、伺機而動	⇨ 議題導向的節目內容，可以滿足愛解決問題的個性
⇨ 善於與人互動，充滿熱情	⇨ 特別適合需要親自探查事物真相的節目，能妥善敘述五感感知
⇨ 具備高度的危機處理能力，能言快語	
⇨ 重視當下發生的事情，並能詳細地道出細節	

因為不喜歡被規範，
所以相當適合彈性較大的 Podcast ！

「ENFP」和「ENTP」
九命貓性格

◆

　　充滿創意，並樂於走在人前！對於新鮮的事、未來憧憬的事，總是充滿期待，並樂於大方分享！

　　這類型的人永遠對周遭環境保持高度興趣，彷彿九命怪貓一般，哪裡有新奇的事，便往哪裡鑽！他們善於說出事物的關聯性，把各種人情事物自動串連起來，發展出有趣的故事；善於感同身受，道出未來種種的可能性。

◆

「機會與激情」是他們最愛開創現在、挑戰未來的主持風格！擅長的主持風格：

ENFP	ENTP
⇨ 充滿想像力，喜歡大方向的談論，而非細節的闡述	⇨ 總在最後一刻激發出人來瘋的妙招妙語
⇨ 善於找到人情連結網，說出人情事故的故事	⇨ 比起做決定，更愛展開冒險。當主持人比當製作人更能讓你感到工作愉快
⇨ 喜愛充滿變化的驚奇，認為所有故事都有可能性	⇨ 喜歡構思新型態的節目架構，並積極嘗試內容創新，但討厭細瑣的執行
⇨ 擅長主持同一時間內多事共同發生的大型活動	

需要多樣化的內容讓工作保鮮，才能維持工作熱情

「ESTJ」和「ENTJ」
螞蟻王性格

◆

　　這類型的人既果斷又具邏輯思考力！他們在說話時，總是充滿直接性的決斷魄力！

　　大多時候，這類人都具備良好的情境判斷力。他們能夠像監督蟻群工作的領袖般，適時發現問題，並以優秀的組織能力，在最短的時間解決。對於能夠快速掌握情境，解決複雜問題的他們來說，工作效率與管理是首要之務。所以最常見的主持模式，即是從製作人開始，轉戰主持工作。

「效率與合理有序」是他們最能確實掌鏡的主持風格！
擅長的主持風格：

ESTJ	ENTJ
⇨ 適合從製作人的角色開始，帶領團隊進行錄製	⇨ 對於主持中的工作細節相當謹慎
⇨ 對你而言，多存幾集節目存檔以備不時之需，是必要的	⇨ 適合主持個人成長類的節目，協助聽眾提升邏輯力，教導聽眾某項技能。成為智慧型 Podcaster
⇨ 能夠掌握並推進節目 Rundown 排程	

能夠克服較為複雜的節目型態，
即便後製辛苦也能順利完成！

「ESFJ」和「ENFJ」
大黃蜂性格

沒有人比他們更懂得貢獻、溝通與合作的了！他們的獨特性讓自己成為生命中的主角，同時，亦能為他人喝采！

電影中的大黃蜂雖然不是變形金剛中首領級人物，但受歡迎的程度足以為他單獨拍一支電影！這和日常生活中，重視連結的蜜蜂相同。這類型的人相當在意人際互動，並能尊重每個不同的人所具備的價格觀，是採訪型的主持人！他們懂得如何和他人產生連結與共鳴，主動與他人溝通。而他們的熱情也能活絡現場氣氛，達到與受訪者、粉絲互動的和諧氣氛。讓參與節目的人感到身心舒暢！

「對話與關切他人」是他們最溫暖愉快的主持風格！ 擅長的主持風格：	
ESFJ	**ENFJ**
⇨ 適合主持個人成長型節目，協助聽眾獲得行動技能	⇨ 對於維繫與聽眾之間的信任感與連結，相當拿手
⇨ 可以雙主持，也可以與聽眾互動，能留下溫暖的故事	⇨ 既能當主持人，也可以當製作人，帶領團隊
⇨ 在節目中設計讓聽眾參與的環節，將可達到不錯的效果	⇨ 擅長營造共識，創建和樂融融的氛圍

具有寬廣包容力的你，喜歡參與鼓勵他人的社交活動。因此，製作本身即具備社群多元價值觀元素的 Podcast 節目，將能讓你玩得愉快！

「ISFJ」和「ISTJ」
章魚腦性格

專注目標，穩定行動，正是縝密型夥伴的最大特徵！「觀察、偵測、編輯、存儲經驗」幾乎是一個固定的說話行動公式！

這類型的夥伴，大腦與最聰明的無脊椎動物——章魚腦相同！他們透過觀察與學習，解決棘手的問題，是相當好的說書人。透過訊息的整理，對照自身過往的經驗，提出有力的觀點！同時，記憶力很好，知道如何保存經驗、歸納故事。在主持前，會很用心的準備資料，研究主題。接著，進行主題整體性的思考。最終，才開口說話。

「研究與沿用經驗」是他們最踏實的主持風格！
擅長的主持風格：

ISFJ	ISTJ
⇨ 擅長蒐集資訊、研究主題，擬定節目 Rundown	⇨ 主持前，能將所有的節目素材妥善備齊
⇨ 面對龐大的資料仍具備耐心	⇨ 對於個人的過往經驗能娓娓道來，提出精華
⇨ 謹言慎行，能在細節中發現故事，並進行考究	⇨ 面對節目時間，總能控制得宜

如果用心製作 Podcast 節目，
營造現職或想要的專家形象，
必能得到眾人肯定！

「INFJ」和「INTJ」
黑嘴雁性格

猶如開疆拓土的西部牛仔，腦中充滿未來的願景，藉由自己的雙手創造具備價值的故事！用強大的解釋力率領眾人執行夢想！

這類型的人具有黑嘴雁的性格，熱衷於改變現況，創造新局。所以，他們時常反覆「思考、歸納」，並用不同的數據與經驗，創建極為複雜的成功模型。並深深思考，走至今日的人生意涵為何。這類型的人擅長落實自己所擬定的周詳計劃，並能夠將經驗與理論結合。因此，相當適合製作多層次的節目，擔任智慧型的 Podcaster，與聽眾分享生活所見所聞及對未來的預見！

圖片來源：www.freepik.com

「想像力與看透全局的能力」是他們最具優勢的主持風格！

擅長的主持風格：

INFJ	INTJ
⇨ 遇事果敢，抗壓力強，喜好迎接複雜且艱難的挑戰 ⇨ 是可擔當心靈導師的主持人，充滿各式理念與願景 ⇨ 擅長為聽眾的生活難題，提出解決方案，引導走出困境	⇨ 能將理論、概念的探討，說得比事實本身更精彩 ⇨ 能對一切刻板現象、社會本質提出有趣的思考方向

喜歡在主持節目前，觀察 Podcast 現況及全局！

「ISTP」和「INTP」
美猴王性格

善於審視、分析與評估！「急事緩辦，越慢越快」的最佳代言人！遇上急切的事能夠不改面色，透過訊息整理，進行邏輯判斷！

這一類人，猶如西遊記裡的美猴王。每回唐僧遇事，孫悟空總是不疾不徐地先打探消息，蒐集資料，再花時間思考邏輯、分析訊息，然後不斷地自問自答、沙盤推演。最後，掏出專業武器——金箍棒、筋斗雲解決難題！換句話說，這類人平時便喜歡測試自己的想法，用不同的角度做實驗。解決問題時，更喜歡援引專業（科學、科技等各式學科）。憑藉著過往的經驗，尋找面對世界的洞見！

「分析力與理性思維」是他們最具知性的主持風格！ 擅長的主持風格：	
ISTP	**INTP**
⇨ 善於面對即興事件，具有獨當一面的才能 ⇨ 適應力極強，同時具有追根究柢的精神 ⇨ 喜歡思考事件發生原因，且能正反並陳，適合新聞議題	⇨ 思辨言論都強調邏輯與客觀，全身散發強大的知性魅力 ⇨ 藉由了解自己的行動，具有撼動社群媒體的能量。也期許透過自身改變現狀

「ISFP」和「INFP」
土撥鼠性格

熱心腸的關顧者，總在人群中成為良好的潤滑劑。
體貼、關心與人群的連結，創造出最強大的溝通能量！

這群人就像是草原中的土撥鼠，遇上天敵，就會立刻發出警報。即便犧牲自己，也要讓夥伴活命。所以，總是小心翼翼地優先考量他人利益。這樣的人一拿起麥克風，周遭的人便會立刻感受到幸福。他們會是很棒的主持人，時時關心來賓、粉絲的感受；並且對於不同的情境，會給予大家不同的照顧。只要不挑戰他的價值觀，他會竭盡所能讓身邊的人展現才華，把掌聲留給他人！

圖片來源：www.freepik.com

「誠懇與情感信仰」是他們最甜美貼心的主持風格！
擅長的主持風格：

ISFP	INFP
⇨ 崇高的人道色彩，擅長舉辦有意義的活動 ⇨ 善於營造和諧的氣氛，創造對話的空間 ⇨ 容易接受不同觀點、講話靈活，是能讓來賓暢談的主持人	⇨ 有顆敏感的玻璃心，但外表堅強，習慣自己的碎玻璃自己掃 ⇨ 你希望找到比生命更重要的生存意義與價值，並期望藉由工作傳達你的理念與理想，為此，即便再累、再苦，就算做白工也無所謂

縱觀以上，是的！人人都可成 Podcaster！
但是風格，由你決定！

4-2))

讓聲音有表情

　　首先，在這裡，我必須誠實的告訴你——光用文字，我沒辦法讓你完全明白什麼是「聲音表情」。我認為，學習聲音表情最好的方式，是直接面對面地跟某個人學習，針對自己的聲音特色進行個別的調整與訓練。其次，你也可以靠影音練習，反覆聆聽並記憶有趣的聲音效果（網路上有許多教聲音表情的影片可供參考）。

● Point

純粹聲音與有畫面輔助的傳播效果是完全不一樣的。

　　因為，每一種傳播方式都有它受限的地方；而每一種傳播方式也都有它獨特迷人之處。所以，文字無法說明純粹聲音的事，純粹聲音也無法展現文字特有的寧靜之美。你或許

已經注意到了，這邊，我使用的是「純粹聲音」，也就是沒有任何的畫面。要特別注意的是，純粹聲音與有畫面輔助的傳播效果，是完全不一樣的。舉個例子，有一回我的同事在廣播節目中說：

「好！現在我要來講一個趣事！某藝人他在機場……」

結果，故事還沒說完，立刻有聽眾 call in 進來，焦急的問：

「去世？誰去世？」

在這，我們肉眼可見顯著的差異！但假如今天沒有文字，純粹是靠聲音傳遞的時候，就是雞同鴨講的烏龍了！所以，文字遊戲並不適合在只靠聲音傳播訊息時出現，不僅多此一舉，恐怕還會衍生出諸多誤會！

另外，有視覺做輔助時，許多的聲音可以被省略，用畫面來幫你訴說。比如電影《我的少女時代》在一開頭，即拍攝了女主角的房間：有劉德華年輕時的海報、卡帶、CD 隨身聽、看起來有點年代的娃娃、拍立得、照片牆……林林總總，馬上勾起七年級生的回憶！但是，這些都無法純粹用聲音構成，如果你硬是要用畫面來思維，製作純聲音的節目，你只會聽到嘮叨的主持人將一堆物品名稱唸出，卻無法心有所感！

◉ 聲音沒有暫留現象

同樣的，有些 Podcaster 想要在節目中播放電影。電影因為有畫面，所以當主角進行對話時，可能還同時發生了好幾件用視覺呈現的事情。這告訴我們，電影當初的設計根本沒有為純粹聽聲音的群眾設想，因此，你絕對不能端上這道菜，給純粹聽聲音的粉絲吃喔。也絕對不要一邊播放一邊講解，這樣節目會相當吵雜。粉絲在同時有眾多發聲者的情境底下，根本無法好好享受內容！或許你會問，如果播一段，講解一段呢？這麼做絕對不適合，因為聲音沒有暫留現象。此外，在 Podcast 中播放電影橋段，也會碰觸到法律問題！

那麼，純粹聲音便無法描繪場景了嗎？當然不是！而是它需要靠聲音表情與眾多「形容詞＋名詞」來輔助，協助聽眾靠著自己的大腦，在你的引導下，於腦中幻想出獨特的場景！有趣的是，由於「形容詞＋名詞」與人的生長背景有關，因此每個人想出來的情景必不相同！譬如，當你說「可怕的鬼」時，有些人想到的是喪屍、有些人想到的是飄蕩的靈體、有些人想到的則是讓人停止呼吸的殭屍……。一旦你觸動了聽眾的個人想像，他也會與你開始共造節目！正如第 2 部分提到的，這時他會因為付出自己的腦力與時間，對你的節目產生情感，進而長期收聽！

接下來，關於視覺與純粹聲音的不同，還要再提醒你一件重要的事：視覺會暫留（約有 1/10 秒時間延遲與殘留），所以我們將一張又一張同樣大小、單獨存在、動作略有差異的人物畫片對齊後堆疊、快速翻轉，就可以看到人物彷彿在動作的畫面。但是聽覺不會！聲音過去就是過去了，沒聽清楚，就是沒聽清楚，無論你怎麼用心回想，仍然無法知道剛剛到底聽到了什麼！

這也是為什麼我們往往會建議電台主播，當你用嚴謹的態度播報快節奏的新聞時，若不小心吃螺絲，千萬不要回頭修正。聽眾原本沒聽到的錯誤，這時候會因你的回頭修正而清清楚楚地發現了。並不是發現你剛出現了小螺絲，而是發現你剛剛回頭修正，顯然一定是出錯了（更何況多數主播常常因為回頭修改，一放鬆而自我笑場）！

好吧！既然聽覺不會暫留，那麼我們便有了新的課題！你不能讓你的聽眾脫隊！換句話說，純粹口語的表達必須句句簡短且容易被了解。你得站在聽眾的立場，察覺出什麼樣的表達，對他們來說最好懂。

● 聲音表達的最佳模式

　　你要用**淺顯易明的日常用語**：比如「輾斃」直接說成「撞死」、「逾期」直接說成「過期」、「尚屬少見」直接說成「比較少見」……。**並且多用短句**，不用結構複雜的長句，免得聽眾走不出迷宮。比如「專家認爲○國孤立世界、敵友不分、損害國家本身的經濟政策，會帶來重大、嚴峻而無可挽回的災難。」可以直接說成「專家認爲○國這種孤立世界的政策，將損害○國本身的經濟利益」。**亦不要使用倒裝句**，比如「國道三號將於下個月加價，由三十二元加至四十元，因爲要彌補經營成本的上漲」應當改成「因爲要彌補經營成本的上漲，國道三號將在下個月加價，由原本的三十二元加到四十元」。

　　如果事件發生的時間是「今天」，就直說「今天」就好！不要說幾月幾號，聽眾還得花腦袋「想」，不好。切記！聲音沒有暫留，除非你給予明確的空白（只放音樂，不說話），否則請你讓聽眾完全不用想！

　　你必須**極盡所能的口語化**，除非你正在仔細介紹艱澀的語句、專有名詞，甚至是成語，否則你不該使用它們，讓聽眾陷入混亂。要知道，當他們聽不懂一個詞時，會開始不斷思考，但你已經在談新的事情了！久而久之，脫隊的次數越多、時間越久，自然而然，他們也就不會再回來了！

所以，你應該要為了聽眾**多多使用雙音節的詞，以取代單音節**，讓他們有更多的機會聽清楚。比如將「猝逝」改說成「突然過世」、將「週」改說成「星期」、將「但」改說成「但是」……。

以上，雖然要表達的話語變多了！但絕對不是要你開始嘮嘮叨叨地對待你的聽眾。所以，聲音表情與表達技巧變得相當的重要。在這裡，我提供幾個練習聲音表情的方法，你可以從這幾件事著手：

❶ 好的配音員都相當樂齡

在日本，知名卡通的聲優，如：《*ONE PIECE*》、《名偵探柯南》、《櫻桃小丸子》等，他們的年齡通常超過 50 歲！不少資深聲優更超過 70 歲，甚至 80 多歲！為什麼呢？因為聲音本身是一種想像，需要經過年歲的歷練，將人情世故化為經驗，才能揣摩說話者的心境，開口出聲！

在這裡，最初階的練習方式，便是將注音符號咬穩、咬準。你會發現，在練習每個字詞時，我們必須盡量把嘴巴張大，該捲舌的時候用力捲。雖然一開始不習慣，會覺得做作、不自然，但是久而久之，你會發現：原來音咬準了，聲音表情自然就有了！私下練習時的誇張到位，會讓你在真正開口主持時，若出現因為緊張而無法將字咬全，依然可保有三分樣！

❷ 蒐集好聲音拓展「新聲帶」

在日常生活中，可以多加留意影視作品的配音，也可對覺得有趣的作品試著模仿。並且開始嘗試做出自己的「喜、怒、哀、樂」基本情緒，看看它們到底長什麼樣？能夠做到差異越大越好！同時，你可以練習小聲地以氣音說話，或找個空曠無人的地方大聲叫喊！試試自己的吶喊聲能有幾種傳達方式？哪一種更為特殊？做這些事情，無非都是希望你可以掌握自己的音域與音色。

我有許多學生，他們到了 40、50 歲才發現，原來聲音還能有其他的變化。過往他們從來沒有想過要嘗試玩自己的聲音，總用日常生活慣用的語調、音頻，殊不知自己的聲帶還有好多有待發掘的寶藏！

接著，你可以開始唸書、讀報、唸招牌、唸繞口令、唸相聲，唸一切你感興趣的故事、讀物！用不同的聲音，試試會有怎樣的效果！不過，在這過程中，也請記得多喝溫開水，保護你的嗓子！

❸ 輕重緩急，抑揚頓挫

在開拓自己的聲域之後，你可以試著說故事。將自己化身為故事中的主角，想想他們會怎麼說話？並且不斷地練習輕重緩急、抑揚頓挫，讓你的故事有「聲命力」！試著改變

你說話的速度。隨著故事的劇情，如緊張的時候將速度變快；輕鬆的時候將速度放慢。個性較粗魯的角色，聲音試著加重、變粗；個性較溫吞的角色，聲音則變得輕柔緩慢。同時，試著加入降低音調（抑）、升高音調（揚）、停頓與轉折的節奏，進行聲音表情的變化。

最重要的是，一定要將你的練習錄下來！多聽幾次，熟悉自己的聲音，並思考下次怎麼做會更好玩。

❹ 用全身吹起聲音氣球

聲音從喉嚨發出，但展現出來的卻是表演、生命的靈魂，它不只與喉嚨有關，還牽涉到全部的身體！

我們常看到歌手忘情演唱時，會手舞足蹈，表情有喜有悲，被音樂評論人稱許：「很有感情！」相同的，傳統的廣播人雖然不在鏡頭前展現，但若有機會到錄音間看他們錄音，你會驚訝的發現：個個像似瘋子！

為什麼呢？明明面前沒有人，有時，為了演繹劇情中的聲音：我們會大哭、大笑、會關燈蜷縮身體、會張牙舞爪……會有好多好多的動作。因為情緒是由全身上下散發出來的，沒辦法斷然由嘴巴直接表現出來！

想要演繹聲音表情，如果只是張口揣摩情緒，無論如何

都不會到位的。但是若能加上肢體輔助，就能很快的具備聲音張力！將句子背起來，眼前設定一個對象，再加上聲音表情，情緒就會變得更加真實了！

不過，這樣還不夠。你還要用全身的每一個器官來吹起聲音氣球！每句話，它的情緒都可以隨著劇情加重。比如一句「我愛你」。剛開始交往那一刻，你說出口的「我愛你」，一定無法像兩人相處之後，情感更加濃烈的「我愛你」來得深刻！一句句的「我愛你」，當你們的感情越來越深時，要如何加重情緒呢？試著把它演繹出來吧！同樣的，以下幾句，你是否可以用越來越重、越來越濃厚的情緒去演繹出來呢？

◆ **我恨你**

◆ **我病了**

◆ **嗚……這麼做，你開心了嗎？**

◆ **什麼？怎麼會有這種事？哈哈哈哈哈**

4-3)))

國內外知名 Podcast 成功心法

Podcast 主要是以聲音取得敘事的整體想像空間，運用聲音的情感與聽眾交流，包括說話的語氣、高低起伏的聲調、背景音樂和特殊音效等，來激發使用者的情感與想像力。因此，主持人可藉此凝聚聽眾的認同，進而產生共鳴，擔負起工作、通勤、讀書時的背景聲音，達到真正滿足閱聽眾需求的目的。

● 透過表情、聲音元素，展演各種角色

有些類型的 Podcast 節目，特別是兒童類的節目，透過聲音表演的方式，創造出各種不同氛圍的故事內容，這類節目更重視聲音控制與各種情緒的表達呈現，例如《強哥說故事》、《聽故事學英文》，以及美國兒童 Podcast 頻道《環繞》（*Circle Round*）等均為頗具代表性的節目。《強哥說故事》的主持人是演員趙自強，他以「水果奶奶」角色深受家長、孩童歡迎，他同時也是「如果兒童劇團」的創辦人，長期參

與多部兒童舞台劇及電視節目表演；而這個 Podcast 節目也是他應用新媒體展演的作品之一，希望藉此傳遞如智慧、寬容、友情、愛等價值觀，讓好的故事透過聲音常留在孩子心中。

《聽故事學英文》結合兒童故事與英語教學，包括床邊故事、民間傳說、兒歌說唱等，藉由主持人溫柔的聲音，結合簡單的樂器伴奏，減輕孩子學習的壓力，輕鬆帶領孩童進入英語的世界，並激發其想像力。父母親甚至可以與孩子一同收聽，共同的小故事可以提升親子交流的情感，提升自我認知及安全感；至於《環繞》（*Circle Round*）取材範圍廣泛，囊括世界各國優美的傳統故事，邀請專業的配音員來配音，加上製作團隊包含專業的音效製作師，節目中塑造聲音情境，使得故事的展演給予人們更多的想像空間。此外，演說的故事大多具備深刻的義涵，讓孩子培養正確的美德及價值觀。

● 運用聲音組合，製作貼近故事情境的音效

台灣知名舞台劇演員、兒童節目主持人趙自強，一直致力參與創作兒童劇及兒童電視表演，2017 年廣播節目停播後，選擇以 Podcast 的形式重現那些歷久彌新的經典童話與傳說的奇幻世界。主持人透過各種不同的聲音表情，展現出精彩的故事，節目內容相當生動活潑，深得兒童及各年齡層粉絲的

喜愛，同時也不忘寓教於樂，讓童話故事變得更富含教育意義。

透過 Podcast 呈現出：兒童故事需要運豐富的聲音元素，包括聲音表情、背景音效與串場配樂等聽覺元素，進而展現出具備想像力的故事；適當的聲音表情能夠充分表現角色在劇情中的發展，且貼切的運用音效，提高讓聽眾感受聲歷其境的效果。再者，透過音樂的引領，強化敘事的張力，增加故事感染力。故事中的主要說故事者及其他配角需要充分詮釋該角色在劇情中的聲音表情，如趙自強在第 1 集「強哥會客室」中，擔任主持人的身分，訪談故事中的一些其他角色，如友人、獅子、老鼠等，透過不同演員，依據劇情展演各種角色，加上合適的配音穿插其間，豐富節目內容；結尾加進教育的元素，深富義涵。

▶ 輕鬆、趣味風格，針對小朋友特性製作

Sandy 采聿老師過去一直都是擔任《彩虹時間 Rainbow Time 兒童英文雜誌》的主編和節目主持人，專門為兒童製作英語故事。如今她開始在 Podcast 頻道推出《聽故事學英文》，要繼續在這個節目中跟小朋友說各種英文故事，包括教小朋友唱學校不會教的趣味英文兒歌，同時也教導家長如何帶領自己

的孩子練習英文。她開設這個節目的目的是希望小朋友放輕鬆、快樂地接觸英文，喚回孩子對英文學習的興趣，甚至是小時候沒有機會學好英文的大人，也可以藉著聽英文故事舒緩壓力。

透過節目為孩子們創造一個安全又自在的空間，讓孩子不會害怕犯錯，上課學習不一定要嚴肅，可以自由想像、開心地搞笑，儘管記憶的英文知識有限，仍能盡情發揮想像力和創意，自在地使用英文表達自己的想法。由於 Podcast 能讓聽眾一邊做事情，一邊聽著英文故事，同時輕鬆的唱一些搞笑的英文童謠，經由這個節目讓家長、老師和小朋友一起享受認識英文的樂趣，同時又能夠舒壓。

隨著台灣民眾日趨重視學習英語，許多父母親會讓小孩上補習班；然而學習語言應該是自然而然地融入生活當中，因此采聿老師有時會隨興改編一些簡單的兒童英語歌曲，以搞笑、簡單、風趣詼諧的風格來呈現。她說：「學英文可以不用那麼嚴肅，唱唱搞笑英文歌，全家一起 be silly，單字有沒有背起來無所謂，英文有沒有進步也不是重點，只要孩子興致來了，學英文就沒問題了」。例如在第 1 集「一首沒完沒了、永遠唱不完的歌」中，她簡單地彈著烏克麗麗，翻唱兒童娛樂電視節目主持人 Shari Lewis 的歌曲，同時用中文翻譯並解釋歌詞的內容，透過中英交錯的方式介紹這首歌的背

景，希望孩子在唱歌中慢慢養成對於學習英文的興趣及習慣，避免帶來太大的壓力。

《聽故事學英文》透過說故事讓小孩接觸英文，特別的是，采聿老師會將傳統的民間傳說故事翻譯成英文；她分別在第 11 集「紅包由來的傳說」和第 12 集「初三老鼠娶新娘」將新年年俗的故事，如長輩為何要發紅包給小朋友、年獸的由來，以及年初三老鼠娶親的習俗，加以改編、整理，透過適切的聲音表情展演出來，加深孩子的印象，還可以不斷的重複播放給孩子聽。只要小朋友不排斥聽故事，就是成功的開始，也能教導孩子一些價值觀。反之，如果內容太長、太複雜，小孩可能一下子就失去興趣，很難養成使用英文的習慣。

● 改編各地故事，引領聽眾共同參與節目活動

Podcast 是種可以幫助聽眾練習聽力理解的技巧，探索故事和學習更多資訊的理想媒體。美國波士頓公共廣播新聞台 WBUR 推出第一個以 3-10 歲的兒童為中心的節目《環繞》（*Circle Round*），這是針對孩子們講述各種的民間故事，其中也有分享專為現代聽眾量身定制的童話故事。這個節目主要採取一種無線電廣播的風格，包括引人入勝的主持人、劇本、

有才華的演員，以及一流的聲音設計和原創音樂。精心挑選來自世界各地的民間故事，著眼於包容性且適用於當今家庭，分成 5-20 分鐘等不同劇集，深入探討重要且易於理解的主題，例如善良、堅持不懈和慷慨大方。此外，節目提供說故事的體驗以及各式各樣的全球和文化觀點，由一些優秀的戲劇、電影和電視人才參與演出，使故事人物及角色顯得栩栩如生，且每集結尾都有討論的提示，給予孩子們及其家長更多思考的空間。內容更結合音樂和音效，進一步吸引聽眾。

主持人 Rebecca Sheir 表示，隨著科技時代快速發展，越來越多的人開始關注各種螢幕，如電視、電腦、智慧型手機和 iPad，緊緊地抓住了我們的眼球。Podcast 與眾不同的能力乃是，能固定激發和吸引我們的耳朵，以鼓勵人們追求夢想。因此，Podcast 可以做的第一件事就是激發聽眾的想像力，創造內心的想像。例如傾向於不提供有關角色太多的具體細節，取而代之的是，希望聽眾能想像藏寶的巨龍有多大；或者是當國王和王后在探訪森林深處的仙女時，可能穿的衣服；音效設計師／作曲家 Eric Shimelonis 採用簡約音效，所提供的音質往往能夠塑造一種氛圍：例如蟋蟀在左邊鳴叫著，而樹葉掉落在另一邊；但最重要的是給聽眾保留充分的想像力。

該節目製作的故事來源包羅萬象，源自世界各地，也有一些來自民俗傳說，製作人 Jessica Alpert 表示：「目前正在

嘗試展現來自世界各地的不同故事，其中某些主題都具有它的普遍性義涵；由於是為年幼孩童準備的，因此我們絕對不打算做任何暴力，或過於恐懼、極度悲傷的故事」。這些故事將帶領讀者前往許多不可思議的地方，儘管是改編作品，但仍能夠保持故事文化的某些完整性，預計會邀請菲律賓人、奈及利亞人上節目朗讀他們國家的故事。

在《環繞》第 37 集「不受歡迎的客人」（The Unwelcome Guest）中，這個故事的版本最初來自中東，這是一個關於 13 世紀土耳其智者 Nasruddin 的故事（此節目每集都至少會邀請一個來自舞台、電視或電台的知名人物配音），這次是由 Richard Kind（曾在玩具總動員、汽車總動員、腦筋急轉彎等知名動畫擔任配音員）竭盡全力捕捉並充分體現這個角色；此外，這節目的每一集都可以幫助聽眾思考與其日常生活相關的不同價值觀和問題，提醒孩子和家長凡事不能只靠表面判斷一件事。

由於公共廣播電台肩負講故事的任務，因此《環繞》的主要目標是激發年輕聽眾對於講故事的熱愛，同時這節目也正在尋求創造一種新的娛樂體驗；在每一集的結尾，主持人總是會說：「現在輪到你了。」邀請聽眾參加一項活動，例如講故事、建立戲劇的場景、畫圖，來回饋他們剛剛聽到的故事中的主題，並請他們與自己愛的人（家人、朋友）分享等。

因此，另一個目標是引起對話，並爲兒童提供一種與他人建立聯繫的方式。

最後，節目的作曲家／音效設計師 Eric Shimelonis 在每個故事中使用不同的樂器獨奏。你可以在其中一集聽到他和主持人實際地討論他的音樂風格。在 Podcast 節目的第二季中，曾經在某集的結尾之處爲樂器命名，包括該樂器的各種特殊風格，並描述這個樂器的外觀，以及爲什麼選擇將此一樂器放在這集的民間故事裡。因此，當粉絲聆聽《環繞》時，會希望他們能夠對音樂、樂器和強調故事的音樂藝術性有更多的欣賞。

4-4))

錄音前的暖聲操

暖聲操

 用茶水漱口、噴霧器噴灑清香劑，讓口腔清爽

 坐定，嘴距離麥克風要有從拇指到尾指的距離

 避免吐氣、噴麥、口水聲、翻紙聲等影響播音品質

 錄音前請多喝溫開水，以免錄音時吞嚥口水

 笑的時候，為免爆音，離 mic 遠點吧！

 保持唇角上揚，這修飾的是你的尾音，不是你的聲音表情，所以請每句話都切實做到！

 最後，最重要的重點：不要怕 mic！

第 5 部分

誰來你家玩

同理心,是能夠換位思考。

意即,你必須假想自己是同一個情境裡的每個人!

包括你、與你同一立場的人,

以及不同立場,甚至是相反立場的人!

5-1))

把節目當成你的家

對一個主持人而言，節目就是他的家！在這裡，主導權都操控在他手中。沒有人比他更熟悉整體環境（包含機器設備與錄音現場等硬體設施）與情境（氣氛與談話節奏等軟體操作）。當然，也沒有人比主持人更愛這裡！聽眾則是在主持人廣發邀請（各式宣傳廣告）後，被邀請來家中玩耍的人。有些來久了，變成了老朋友；有些則是初來乍到的新朋友。

那麼，如何做一個好的主人家呢？

❶ 徹底了解你家

客人來了，想喝茶，結果你不知道開水放在哪裡？想上廁所，結果你不知道衛生紙用完了沒有？大熱天想要在飲料中添加冰塊，結果你不知道冰箱裡還有沒有？更有甚者，以上答案，如果客人比你還了解！這時，你真該問問：這裡到底是誰的家？當這樣的主人，未免也太掉漆了吧！

為了避免發生以上的事，首先，你**必須相當了解自己的**

節目！即便有製作人幫你控音，你還是需要知道錄音的那台機器應當如何使用？可以做出什麼樣的音效？說話的音量控制在多少最適合？不只是你自己的音量，還包括來賓的。這樣，你才有辦法做到行雲流水的主持。你必須徹底了解整個錄音環境，裡面有些什麼？哪一些器材在節目進行時，可以善加利用？如果是在自己家錄音，幾點鐘會有垃圾車經過？哪裡可能正在施工？這些都會影響錄音的品質。你對錄音環境越熟悉，就越不容易緊張。

當然，對於自己做的節目何時上架（最好固定，養成你與聽眾的默契）？有哪些特別印象深刻的花絮？答應過聽眾朋友哪些事情？一定要記得！這就好比和另一半相處時，如果你忘了特殊紀念日，哇嗚！對於情感將是重力的一擊！你必須讓聽眾知道，你很在意他！有些人在家裡，甚至會為朋友放一個專屬的馬克杯，讓朋友知道：家中永遠有個特殊的位子為他保留。這不也是拉近彼此距離的好方法呢？如果是在節目中，可以怎麼做呢？記得常與你互動的聽眾的名字？或是記得他們的故事？記得他們與你互動的那些雖小卻能為你倆增溫的事……。

❷ 好好介紹每位成員

試想一下，你今天要在家裡開一個 party，歡迎一票有些認識、有些完全陌生的新朋友一塊來玩。等他們一進門，你

首先要做的是什麼呢？當然是消除他們面對陌生環境與陌生人的不安！所以，你首當其衝地，便是介紹你自己，介紹家裡的環境！這在心理學上有個專有名詞，叫作「自我揭露」。

現在，請在腦海中想一個與你最親近（或曾經最親近）的朋友，他從一開始便成為你無話不談的閨蜜／好哥們的嗎？我想答案高達 90% 以上，都是否定的！既然如此，你們是如何成為莫逆之交的呢？

在初相遇時，一定都是從無關痛癢的話題開始吧？今天的天氣如何？這家餐廳如何？最近的流行趨勢是什麼？然後，才慢慢論及彼此的興趣、在意的人。如果四觀（世界觀、人生觀、價值觀、消費觀）相合，你們便有機會繼續發展情誼，最終無話不談。反之，則慢慢地保持適當的距離。每一次找來測試是否可讓兩人關係更緊密的話題，便是一次次自我揭露的過程，更是讓對方取得對你的信任的開始。

而且人際關係的連結相當有趣！兩個人好不容易才成為「換帖知己」，一旦連結之後，再將自己原本的人脈相互介紹、串連，便能產生強大的人脈網！最重要的是，只要這張人脈網開始串連，「換帖知己」間的情感亦會變得更為穩固！

做 Podcast 節目也是如此！所以在台灣，許多有名的 Podcast 都有第 0 集的節目（《光說瘋良話》、《閱讀夏

Lala》、《股癌》等）。專門在這集裡，開宗明義的介紹主持人、開台原因和往後的節目內容。如果你可以更大方的介紹沒有出聲的團隊（如導播、小編等），除了可以開展團隊的個人人脈網路外，也能邀請到更多朋友一起收聽。讓新朋友因為對你們的了解（即便他們忘了導播、小編們的名字，但在你向他們介紹時，已展現了對聽眾的誠懇態度），而對節目產生熟悉感，有情感上的信任。

❸ 一山該容二虎嗎？

　　過去，我們常常聽到一個廚房容不下兩位女人。一山是否真的難容二虎呢？如果兩隻老虎不打了，是否可以「虎虎生風」呢？我想，答案是肯定的！

　　今天有眾多的新朋友來家裡玩，若只有一個人照顧，總是分身乏術。倘若能夠多一位夥伴與你共同承擔，勢必更能達到賓主盡歡的情況！多一個人便多了一雙手，可以幫忙上菜端湯；多了一顆腦袋，可以多思考新朋友需要什麼？也讓另一位主人得以喘息，用更優雅的姿態，展現自我！

　　Podcast 主持更是如此！因為聲音是單調的，無論你多麼會說，總難免讓人覺得是一言堂，聲音表現上不夠豐富、不夠精彩！所以，雙主持的好處是──讓節目聽起來更豐富！有人可以幫忙準備資料、幫忙顧及主持當下的臨場反應、幫

忙照顧多位不同的聽眾。甚至幫忙填補空白的秒數！要知道在純粹聲音的Podcast裡，空白3秒內，還可以算是氣氛營造！一旦超過3秒，聽眾便覺得節目的檔案是否壞了！那會讓你顯得很不專業！

然而，Podcast純聲音表現時，為了避免讓聽眾錯亂，兩位主持人的原始音質切莫不可相似！**一集節目的主要發聲者，也最好不要超過三位！** 為了能夠有更不同的思考，照顧多元的聽眾，節目主持人的四觀最好有部分明顯的差異（如果全部不同，合作起來也是很痛苦的一件事）！千萬收聽製作人Kristen Meinzer說，可以邀你預備合作的夥伴（再好的朋友也一樣）一塊去進行四天三夜的自助旅行，用合作的眼光仔細審視你們共處的情況。我認為那的確是個好方法！

此外，為了顧及節目的可聽性，張力一定要足夠！因此，每個節目主持人都必須為你在節目中的角色，進行人物設定。這並不是要你扮演誰？而是強化你本身的特色、代表的觀點，好與你的搭檔區分，並完成你在節目中的角色功能！

比如這是一個談財經的節目，你的觀點是穩定投資房地產更勝於股票；而你的搭檔恰好相反，認為股票比房地產更容易致富。這時你堅守你的立場，你的夥伴堅守他自己的立場，便可以創造出一個多元的討論空間，邀請更多聽眾朋友腦力激盪！你和你的主持搭檔也順利完成了自己在節目中，

分隊帶領大家進行討論的角色功能。

如果可以在節目中，為自己做好人物設定，可以有效地讓自己在節目中變得立體，為節目的可聽性增加魅力！同時，也可讓觀眾更加地了解你，格外與你親近。

舉一個多人主持的電視節目為例，2017 年韓國綜藝節目《Running Man》開播，總共有七個節目主持人（再說一次，電視因為有畫面可以幫助觀眾了解現在誰說話，所以才能這樣玩）。節目遊戲中最著名的環節就是緊張刺激的撕名牌戰，或以名牌衍生的相關對決。然而，這麼多人主持，即便是以畫面呈現，不會很混亂嗎？主持人之間的默契會不會亂？會不會有兩三個人同時說話，以致找不到主 Key 而亂成一團？或大家忽然全部在同一時間安靜，而感到尷尬呢？又如果七個人當中，有個性相同的人出現，會不會有相互競爭的情況發生？

後來，我們發現，七個人在電視上共同主持根本不是難事[4]——只要你把角色定位弄清楚！這七個人角色設定鮮明到連韓國動畫片，都可以根據《Running Man》裡的主持人群，製作動物卡通：

---

[4] 該電視節目紅遍海內外，更以高價將節目的 Format 賣給了中國大陸，拍成中國大陸版的《奔跑吧兄弟》，即是明顯的證據。

☆ 韓國國民 MC 劉在錫，外形纖細，足智多謀，因此強調亦正亦邪「劉詹姆士」與長得醜的角色，被卡通製作成「蚱蜢」。

☆ 「王鼻子」池錫辰，因為年紀較長，又常搞不清楚狀況，因此強調他在比賽中「最弱體質」，卻總開朗的永不放棄。被卡通製作成「黑羚羊」，傳達「王鼻子精神」！

☆ 金鐘國愛健身，有顆細膩的偵探心，歌聲被粉絲誇為蜜嗓。因此強調他「最強能力者」形象，被卡通製作成形象代表「老虎」。

☆ Haha 嬉哈歌手，古靈精怪，有顆拒絕長大的赤子之心，強調「老油條」形象，外表像小企鵝 Bororo，被卡通製作「企鵝」。

☆ 宋智孝雖是七人中的唯一女性，但是大膽果敢又不做作，有時呆懵，生氣時會真情流露地打人或罵粗話，因此強調「懵 Ace」的形象，卡通將她化為霹靂的「貓」。

☆ 李光洙身高 190 公分，性格單純又善良，但十分淘氣頑皮，因此強調他「背叛者＋笨賊」的形象，被卡通製作成「長頸鹿」。

☆ 姜 Gary 長相老實，大學時進入警校，卻因追求音樂夢想退學，因此強調他「敏捷的速度和各種戰鬥技能」，卡通將他化為機靈的「猴子」。

以上七個人，在原本的個性與外形上再做強調，使得每一個人都有了強烈鮮明的個性與在節目中的代表性功能。不但讓節目的張力十足，更引起了全球的粉絲關注！連卡通要製作時，都能直接將他們在節目中的動物形象挪用。可見，節目中的角色設定，有多重要！

❹ 家的穩定度能讓賓客安心放鬆

我們去朋友家參加 party，好不容易和他的另一半熟了，他又換了另外一位。或是好不容易了解家中環境，但他卻搬家了。於是，你又必須重新認識新的主人家、認識新的環境，這是心的勞動。更何況，如果你原本已愛上了這一戶人家的所有成員，對他們產生了情感依賴，這時的你該有多失望、沮喪與憤怒？哪怕是輕微的改變，其實都會讓我們感受到氣餒、挫敗與不安。

所以，**製作任何節目，「穩定性」都是最高的指導原則！**請不要輕易更換主持搭檔、節目上架時間、節目長短（詳見第 3 部分）、節目內容屬性、節目大致氣氛、節目的品牌形象，甚至是節目的 LOGO ！都會讓聽眾感到不安，心裡嘀咕：怎麼了嗎？發生什麼事？

❺ 客人才是家中的主角

為了認識更多的新朋友，你在家中開 party ！自然不能穿

得太隨便！於是，你選了最喜愛的衣服，站得直挺挺地，招呼每一位賓客；而大家也都以你和你的搭檔為核心談笑著。唯一不同的是，你們不會在家裡搶走客人正在歡唱的麥克風，也不會在自己身上打燈，更不會用走秀的姿態在賓客間展示你的風采！這是正常的社交禮貌！

● Point

「穩定性」是製作節目的原則。

⑥ 不守舊，用最開放的胸襟，歡迎每一個人！

過年過節大多數人最痛苦的，其實不是親人大團圓，而是接受不同價值觀的關心！尤其面對長輩，既不能回嘴，也不能回避，只能在腦中、心裡，塞進一堆批評。嘴裡還不忘：「謝謝指教。」這樣的痛苦情景就不要在你舉辦的 party 裡再次上演了吧！

今天為你前來的人，自然是友好且帶著某種善意來的。他們花了時間，只為了多認識你、了解你。所以，也盡可能的包容他們與你不同的價值觀吧！更何況，這個世界原本就沒有絕對的對與錯，不過是立場不同罷了！

在你的節目中，盡可能引導大家思考，提出自己的看法！所以，平時多看點與你想法相異的書籍、電影或新聞，與你的朋友互動、分享不同的看法，這些都會讓你的眼界變得更寬廣。同時，讓你的胸襟變得更寬大，悅納異己！相信我，你會交到更多的好朋友，節目也會受更多人歡迎！

❼ 要說梗話，不要說廢話

和他人聊天的時候，我們最害怕的，便是遇上喋喋不休、碎碎唸的人；或是話題永遠重複，一而再，再而三，重提當年勇的人。面對這樣的談話對象，總讓人退避三舍；即便從對街走來，都恨不得地上有個水溝蓋，讓自己可以縱身一跳，消聲匿跡！縱使有些人相當有風采，談笑風生，在剛認識時，能迷倒眾生，但慢慢地談話內容你能倒背如流，原本好笑的笑話在聽了 N 次後，還笑得出來嗎？這種流水帳型的對話，不僅沒有任何啟發，對雙方的情感亦無增溫的效果！實足以稱之為「廢話」！

我想，沒有人希望自己辛苦完成的 Podcast 節目，被聽眾視為廢話產生器！所以，在談論主題時，一定要思考這對聽眾而言有什麼幫助？即便沒有幫助，也要能增進聽眾與你之間的連結，亦即情感增溫！**對你的聽眾說情話！**

把聽眾當成是你的情人，三不五時對他表示感謝，謝謝他願意一直在你身邊。如果可以，最好能夠記得他的喜好需求。為了要和他有最新鮮的話題，你會多看新聞、電影、書籍，留意身邊發生的有趣事情。以一種談戀愛的視角去審視你的生活。你不會一天到晚對他抱怨，成為一個「能量吸血鬼」。甚至，你會很想多聽聽他的想法，並且在節目中做出回應。

在節目中，不說廢話，改說情話，將聽眾放在心中的表現。如果可以不說廢話，改說梗話，便是一種將內容置於聽眾心中的能力了！

● Point

把聽眾當成是你的情人，記得他的喜好需求。

在節目的開頭，我們希望能引起聽眾的關注，這時，為了奪得聽眾的注意力，建議你，可以先為自己想說的內容設計一個逼近於結論的問句！（注意！是逼近，不是真的結論）再慢慢詳述，為何得出這樣的結論。這類似於新聞人最常用的倒金字塔型的說話方式；我們先提出類似於結論的問號，再提理由、說背景，最後下結論。比如，今天你要談兩性議題，告訴大家如何才能把感情經營好，不容易分手。這樣說，

將更有吸引力：

愛情，永不保鮮？

（提出類似於結論的問號，邀請聽眾朋友一起思考這個問題。問號是與聽眾互動的好東西！即便他們無法立即回答，都能引起高度的關注，也展現了你有意對話的親切。）

其實，如果你可以……（提出情感經營策略）

（提理由、說背景，列點式、標題式的說話方式，能輕易贏得聽眾的心。聲音不會暫留，所以列點標題式的說話方式，是展現貼心的表現。）

愛不保鮮，是忘了為彼此留下尊重的空間。

（下結論，最好設計為有押韻或好記的 Slogan ！讓你的聽眾記得你！切記：凡記得，必分享；有分享，有回響！）

　　同樣，到了節目的結尾，你必須讓聽眾記得你。因為記得而產生掛念，他便會自發性地在生活中談論到你與你的節目。這時，他與友人的分享，將使你的節目漸漸打開知名度。倒裝句就有這種定錨的效果！

　　想想看，當你走進服飾店，櫃姊的哪句話，更能打動你呢？讓你有掏錢的打算呢？

「這好適合您喔！很好看！」（直述句）

「很好看！這好適合您喔！」（倒裝句）

⑧ 客人在的方向就是你在的地方

有一天當你到別人家裡做客，正當大家聊得開心時，你卻忍不住想上廁所。這時你覺得特別尷尬：因為你既不想打斷大家的交談，可是又苦於膀胱無力。正當不知在哪個時間點詢問廁所在哪時，主人家默默走到你身旁，告訴你廁所的方向！你的感受如何？如果下回他再邀請你去他家，只要時間允許，你是不是會立刻點頭答應？

製播 Podcast 節目時，你必須知道聽眾就是你目光聚焦的對象！請忘掉那讓人緊張的錄音器材、心跳加快的麥克風，和你剛剛是否有脫稿演出？有沒有說錯話？有沒有舌頭控制不住的現象？你真正該關注的，是你的聽眾現在感受如何？

因為你無法立即看到他，所以你必須時時想著他，想著他此時此刻的反應會是什麼？怎麼將資訊消化，才能讓他最受用？

❾ 記得話題結尾處別讓你的客人迷路

與一個朋友搭起友誼，不是件簡單的事。如果對方記得上回來你家，談了些什麼，感到相當投緣，可偏偏你全忘光了！那麼這段友誼，十之八九也激不起浪花來！或是你在上一回的 party 說，下次你想設定主題風格。結果，當賓客興致勃勃地按你說的主題精心打扮時，門一開，卻驚訝你完全沒有照自己定下的主題著裝！我想賓客的臉色肯定都青了，覺得記得、相信你說的話的自己，是傻蛋！

做 Podcast 節目也是同樣道理。請記得自己在上一集的結尾到底說了什麼，這樣才能延續你與聽眾之間的美好回憶，漸漸地搭起友誼的橋樑。

❿ 混得再熟，也和客人保持一條線的距離

不管你有多親切，絕對不要忘記和客人保持一條線的距離，且絕不能跨越那條界線！即便是再好客的主人，都不該服務過頭，或過度深入客人的私生活，讓對方倍感負擔。例如逼已經吃得很飽、很撐的客人，再多吃點；詢問客人什麼時候生孩子……。

進行節目時，同樣需要謹記上面的待客之道。可以被動的給予個別聽眾生活建議，但絕對不要主動批評他們的私生活。當某個聽眾與你分享他的私事時，未經他本人許可，不要隨意的在節目中散布，還大肆評斷。更不要在毫無預警的情況下，忽然揭人隱私，或在節目中追問受訪者與聽眾敏感的私人問題！請記得以客為尊，讓你的聽眾、受訪者感受到被尊重，上你的節目輕鬆自在，聽你的節目和暖舒暢。

如果，你已經盡心盡力的做到以上幾點，真心實意地為你的聽眾與訪賓著想。那麼，接下來無論聽到什麼評論，就一笑置之吧！

這個世界有人愛你，便一定有人討厭你。節目一旦上架，便是全球可收聽，自然得面對強大的酸民與立場不同的話語，該如何處理自己可能面對的負面情緒呢？冷靜以待，不與之糾纏！老話一句：自己的玻璃（心），自己掃。掃前可以先放下一切，吃頓自己喜歡的大餐、看場好看的電影、把房間整理乾淨、或可達到的簡單心願、旅行，或是揪三五好友瘋狂玩鬧……。總之，做些會讓自己開心或至少可以轉換心情的事。懂得愛自己，才有能力愛他人。別為不認識就否定你的人傷心，要為認識你並支持你的人開心！留得青山在，繼續你的 Podcast 實驗之旅！

5-2))) 邀請重量級嘉賓

把家裡整頓好之後，現在，我們可以來邀請節目的重量級嘉賓了，也就是你每一集節目的受訪者！無論他們來自何方，只要願意撥空上節目，都是重量級嘉賓，都應當給予尊重！更何況，只要來賓肯來，某種程度會自帶流量（他周圍的人肯定收聽）。我們能不感謝他嗎？

最近聽到很多戀愛專家不斷告誡大家，不要把身邊的另一半當奴才，因為大多數人相信物以類聚。如果你把對方視為王子或公主，其他人也會將你視為王室的成員。如果你將對方視為奴僕，世人亦會認為你是個 nobody ！

將來賓視為重量級嘉賓，你會在他來之前大張旗鼓的宣傳，顯出你歡迎的熱情！甚至你會用他的照片，做張海報放在社群媒體上，或任何一個你平時宣傳節目的管道中！既讓他感受到你邀請的誠意，也為節目製造話題。你對他用心的稱讚並等待蒞臨，會讓新的聽眾有一種感覺：**哇！這個節目好像很強！他們請到很厲害的來賓耶！來聽一下這個節目好了！**

抬高來賓身價的同時，也同時抬高了自己節目的身價！

　　然後，因爲將他視爲重量級嘉賓，所以你不會冒然邀訪。你會四處打探他的事蹟，認眞拜讀他的作品。讓他知道你有備而來！事實上，事先打探他在意的事、說過哪些話、做過哪些事，對你的主持工作將帶來強大的幫助！光是我自己過往的經驗，就能立刻舉出三個效益：

❶ 讓衆人信服你的引導，有助節目進行、人脈推廣

　　2019 年，我主持教育部的活動——「學習 N 次方跨域豐世代 108 年度教育基金會終身學習圈啟動記者會」。要將全台 103 家基金會及民間團體，共同舉辦多達 137 項的整年度終身學習活動介紹給民衆。同時，還要引導教育部長潘文忠在逛完各家資料展後，向大家致詞。所以，光是主辦單位給我的介紹的簡報，已是厚厚一大疊！

　　照理說，主辦單位已爲我做好圖片豐富的簡報，我只要在資料中，找出可與圖片搭配的話來用即可。但是，爲了扮

演好一位專業主持人，我除了消化完所有的資料以外，更上網搜尋了每一位簡報照片中的人物背景。另外，也查了教育部長潘文忠對各個學習圈的觀點爲何？說了哪些話，可以與各學習圈相呼應？

結果，當天在介紹活動與代表人物時，所用的詞彙比起那一大疊資料，更細緻且有人味！也讓大家看到教育部長潘文忠從過去到現在與各學習圈的連結，致使活動當下，大家更信服我的引導。部長與我之間多了許多有趣的互動！活動結束，不但主辦單位相當開心，還有不少人主動來跟我要名片。事後更多了許多主持的機會！

➋ 避免不必要的冷場與尷尬，讓你的節目活起來！

2020 年尾，臨危受命地替教育廣播電台主持了一個週一到週五帶狀出演的現場節目「生活 InDesign」。節目裡，我有機會訪問醫師與法官，這眞是個讓我既榮幸又備感壓力的活！艱澀的醫學與佶屈聱牙的法條，如果不努力弄懂它們的內涵，就沒辦法問出好問題，更無法轉譯成既口語化且聽眾能理解的內容！

於是，我又開始找資料！搜尋每集法官與醫師的背景、他們過往曾對我們即將進行的主題，發表過什麼樣的言論？沒多久，果然奏效！法官與醫師開始用比較輕鬆、口語化的

方式與我對談，也因為我對主題有所掌握，因此他們能更盡興地、開心地與我分享！

其實法官與醫師的工作做久了，說話難免會有職業慣性。談話時大多因為太過專業，所以很自然地脫口而出一連串的專業術語。或是因為病例看久了，覺得「差不多都那樣」，而不自覺得省話，不知道該說什麼？

有一回，我用電話現場連線，訪了某位骨科醫師，詢問他該如何避免骨質疏鬆？

醫師回：「可以多吃小魚乾。」

我問：「除了吃小魚乾，還有其他食物嗎？」

醫師回：「喔！我覺得小魚乾不錯啊！」

我心中暗想，這樣就停了？急忙改問：「聽說照太陽也有用？」

醫師回：「是啊！」

又停了！因為是現場連線的電訪，我也沒辦法用眼神求救，請醫師再多說一些。只好轉問：「那年紀大了，該如何保養呢？」

醫師回：「所以年輕的時候，就要先保養！」

太好了！感覺有戲！

我趕緊追問：「那年輕的時候，要如何保養呢？」

醫師回：「多吃小魚乾。」

（……）

幸好，我之前在網路上看過醫師曾發表的相關言論。於是，援引他曾說過的話，自己進行補充說明，他則在電話另一端當專業認證。就這樣，撐過了半個小時。所以啊！一定要記得，在你的來賓上節目前，好好 Google 他喔！

❸ 讓你的訪談得到更多共識

2021 年，接下了政府的委託案，研究「數位時代的政策溝通」。有幸，與臺灣通傳智庫的夥伴一同專訪行政院政務委員唐鳳。因為事先查找過，所以我問他的第一個問題，即是：「以您自己的定義，什麼是迷因呢？」為什麼會問「迷因」這樣的問題呢？因為這正是唐鳳最感興趣的話題！

用受訪者最愛的話題，當作開啟談話的敲門磚，通常可達到無往不利的果效！果然，他開始熱絡回應。加上我之前已將他接受其他媒體的受訪內容閱讀完畢，所以能更確實掌握他的思考脈絡，產生良好的互動效果；也能延續他在其他地方的訪談，延伸出新的問題，而非老話重談。

就連你要誇讚受訪者，都能從他過往的經歷，找到稱讚的機會。代表你真的有在關注他的言行、他的故事。訪談結束後，我們雙方非常愉快！可見事前對受訪者的動態掌握，十足重要！

　　然而，如果我們的訪談對象，是網路上查找不到相關資料的人呢？那麼，建議在開始正式錄製節目之前，可以先請對方喝杯茶，小聊一下。在聊天的過程中，盡可能地觀察對方，先詢問預備在節目中發問的相關問題，算是為待會的節目做暖身。為什麼不直接問在節目中要問的問題呢？我想，聽眾都比較喜歡聽到真情流露的答案吧！同一個問題問兩遍，不但我們自己在提問時，會少了新鮮感。回答問題的人，也會顯得較為僵化，不似第一次般那麼真實的情感。

● Point

在開始正式錄製節目前，先和對方喝杯茶，小聊一下。

　　此外，無論受訪者是否是網路上搜尋得到的對象，在正式錄音前，我建議你要和你的受訪者 Re 稿。讓他清楚整體錄音環境、採訪時的氛圍、工作人員，與節目預行的 Rundown。

當他對採訪情境與節目運作情況越熟悉，越能讓他放鬆，達到良好的錄音品質。你也必須告訴他，正式錄音時，可能偶爾會打斷他以製造節目效果，讓他有心理準備。此外，也讓他明白，錄音時你會將自己設定在「剛認識他的聽眾」——亦即你會問許多你原本因為與他熟識而早已知道的問題。

> ● Point
>
> **正式錄音前，和受訪者 Re 稿。**

這時，你會再度發現雙主持的好處。為了讓聽眾徹底明白節目內容，有時你得裝傻，把自己定位在初次接觸這個專有名詞、事物、人物，替你的聽眾發問！然後由另一位主持人，負責扮演專業又聰明的那一個（依照不同主題，每集都可以互換角色設定），做整集節目的引導，引領聽眾、受訪者回應你（或你的搭檔）的問題後，再繼續進行下一個環節。

在訪問開始前，了解你的受訪者，是把他視為重要嘉賓的基本表現！在節目中，你仍需要時時誇獎、讚美、丟梗給他，讓他展現自己，為他創造最棒的舞台！結束後，請記得與他合影，事後 e-mail 給他，感謝他帶來豐富的故事。等節目上架，也要記得給他連結。如果他覺得這次的受訪經驗很

美好，他會願意讓你標記他，甚至在自己的社群媒體上主動PO照片、發連結（若來賓比較害羞，你需先主動詢問是否願意讓你 @ 他）。

好！我知道你現在想問，那受訪者從何而來呢？去何處找人來上節目呢？的確！這才是整個訪問節目中最為艱難的工作：邀訪！

目前台灣 Podcast 營利方式仍不明確，如果每集都要花錢請來賓，不到幾集，你就會自動繳械投降了。那麼，究竟有誰願意免費受訪呢？錄製節目可是件相當花費時間，有時還需花費金錢（前往你的錄音空間）的事啊！我建議可往以下尋找：

需要為自己多打知名度的個人

網紅、直播主、有對外開班的老師（才藝老師、補習班老師等），在邀請時需說明自己的節目如何為他們的人氣加分？例如收聽率？觸及率？內容屬性？未來預期效果？以及為他們形象包裝的技巧等。不過在此也要提醒大家，盡量不要邀請議員或立委，以免被貼上其政治色彩標籤，影響收聽率與那些支持你節目的群眾（除非那是你要的結果）。

此外，也相當推薦你採訪同行！不同的播客來到你的節目，也能同時提升雙方人氣流量！而且他很清楚你需要什麼，

在錄製的過程中，還能夠彼此切磋、多加討論。說不定因著錄製節目，能成為互相打氣的好友！何樂而不為呢？

尋找具有理念，希望散播出去的組織或團體

例如綠色和平組織、台灣蠻野心足生態協會、無國界醫生……等 NPO（非營利組織）、NGO（非政府組織），他們都相當樂意與更多群眾推廣他們的理念。因此，訪談起來相當積極、愉快。

尋找各窗口、公關

「擒賊先擒王」雖然在此處使用並不妥切，但精神卻是一致的！與其一一突破（一個一個找受訪者），大家總有推託（如害羞、怕浪費時間等藉口），不如找某公司、醫院、組織、團體，甚至是政府單位的窗口進行邀訪。設有公關室的地方，原先便有拓展品牌形象的任務，因此很容易一拍即合！如果他們自己不方便上節目，內部公關還會幫你推動、找出適合的受訪者。長期合作的話，可能還會幫你準備不同的人選來上節目。近年來，政府一直希望能夠多與民眾溝通，所以多利用他們的公關室，不失為一個尋找受訪者的好地方。二來即便不是公關室，而是與窗口對話，也有人能協助你統籌採訪的相關事宜。

尋找出版社

　　台灣的出版社正積極尋求轉型與推播、宣傳他們的作者。此外，他們也大多都有公關用的免費書籍可以成為你節目的資料。所以，和出版社合作，勢必會獲得親切的回應。像城邦、九歌、新自然主義等，都是具有品牌又親民的好出版社。與他們交手，我的回憶都是美好的！

　　此外，還有些小型出版社，與他們合作，意願也很高！事實上，無論與誰取得合作，弱弱合擊（不是指能力，而是指初期大家都還在開發市場），總能擊出強棒！

尋找你身邊有故事的人

　　正所謂「內舉不避親，外舉不避嫌」，如果你身邊已有一群充滿故事能量的人，你又何必非得找外面的人呢？有時，會因與身邊的人太過親近，而遺忘他在某方面深具專長、或他其實也是具備某種頭銜的能者。那就真是太可惜了！

　　前面我提過，因為臨危授命接下了帶狀現場節目，時間非常緊迫，每天都要和一位不同屬性的受訪者（週一談教育、週二談環境、週三談醫學、週四談法律、週五談旅行）訪談，該如何在短時間內，天天有新血呢？真是煞費我與助理的苦心！而前面提到的無論是老師、具有理念的團體、公關、出版社，一來一回都需要時間，可是電台節目不能開天窗啊！

助理想到了許多就在我們身旁的人！學長姊裡有很強的政府研究案負責人、深度旅行社會家、教案多到上百套的園療師；學弟本身是知名基金會的專業心理師！更遑論非常照顧我的警專校長與主任了。我還有很多、很棒的口袋名單，對其他的主持人而言，不一定訪得到他們；對我而言，卻可像家常便飯般聊天。

　　這些人會在最短的時間內，成為你最可靠的靠山！記得有一次，我正在現場準備迎接受訪者，但錄音室外卻空無一人！只能暫時改播歌曲，內心緊張到無處安放。於是我臨時 call out 給學姊，她趁著空檔幫我撐完了現場節目！至今我仍深深感激！

　　不過，我還是建議受訪者越早確認越好！畢竟，誰都不喜歡突發狀況。加上現代人往往很忙，未必有時間接受訪談，**最好一個月前就邀訪**（再早也不建議了！因為很難預料中間會發生什麼事？）當週與受訪者 Re 稿，加強他即將要上節目的感覺；**前一天，再打個電話提醒一下**，表示你的期待！訪談當天，除了要幫受訪者多拍幾張照片以及與你的合照外，可以準備禮輕情義重的紀念品，讓受訪者再次感受你的謝意！

　　以上，是你在尋找受訪者時，可以考慮的方向。接下來，在找到受訪者後，你便需要開始設計訪綱。**至少在一週前，將訪綱寄給受訪者**，讓他們有心理準備！

訪綱的設計原則：建議一個小時的節目，設計五個問題；半小時的節目，設計三個問題！以免你用一堆的問題嚇跑受訪者。也留下些許空檔，好在談話中，有些彈性發揮的空間。若第一個問題切中核心，受訪者的回應竟比你想得還有趣時，表示還有許多值得深挖的點；這個時候，你應該繼續追問，讓節目更具深度，而不是被訪綱綁住！至於**什麼是值得深挖的點呢？就是讓你感興趣的點！**

在訪問他之前，你已做足了功課，對他與主題有足夠掌握程度，但此時竟還有你沒想到的那一面！這時候你理所當然應該追問！**一個好的主持人，需要擁有一顆總是好奇的心！**

至於提出的問題，要先試想從節目開頭，一路推展到結束節目，你想要有哪幾個轉折點？就在轉折點上設計題目（但請記得，訪談過程是流動的，因此以當天探訪為準，轉折可能會隨時改變：例如多了幾個問題，或有些問題後來根本沒機會問）。

以一個小時的節目為例，假設你今天要探討的主題是「別讓抗壓力害死你：找回工作平衡的逆境力」。那麼，你的訪綱也許可以長這樣：

1. 現代人最容易遇見的工作壓力？

   （開頭先談普遍現象，準備進入今日主題）

2. 如何找回工作平衡點？

   （順接，進入今日「壓力」的主題：一般的工作壓力
   如何解除？）

3. 遇到工作挫折時，該如何自救？

   （加重問題本身的困難度：如果是直接遇上挫折該怎
   麼辦？）

4. 如何提高工作效率？

   （解決了谷底的困難，用正向問題，探討如何往人生
   的高處爬坡？）

5. 如何面對職場上的情緒勒索？

   （最終以現代人常見的熱點議題「情緒勒索」做精彩
   結束！）

好啦！在訪綱設計好後，接著，要把它寄給你的受訪者
囉！切記！你的**節目邀請函一定要做 Email 簽名檔**，以突顯
你的專業形象，也表示你對此事的重視。每一次寄出的邀請

函，未必都能爲你得到受訪者的同意，但是，它絕對能幫你和你的節目打廣告！

邀稿的完整 mail，我建議可以長成這樣：

主旨 台灣問事 Podcast 節目誠摯邀請心靈工坊專家受訪

（直接清楚明確的寫出你的 Podcast 節目名稱與寫信動機）

內文：

Dear 心靈工坊專家群：

您好！我是愛旅行的社會學家 XXX，《台灣問事》Podcast 節目的主持人。主要邀請各行各業專家來節目分享專業新知。

（簡單但有特色的介紹自己，可提出一個你的強項、受過的肯定、獎項，增加親近感與記憶點，並說明自己的節目。如果節目收聽效果不錯，也在此處告知。）

因爲最近疫情紛擾，讓整體社會人心動盪。知道您們長久以來都是健康心靈的推動者，之前「找回，初心的深印象：運用心律轉化法，安頓身心」工作坊舉辦得相當成功！我們的聽眾萬分期待您們能夠蒞臨節目，與我們一起探討「後疫情時代，該如何找到安寧的心」。

（讓對方知道你對他的了解，尤其是近期動態。如果有訪過受訪者的同行，也可在此處略提。並且説明為什麼希望他們上你的節目，你要探討的主題與他們有什麼關聯。可以的話，也在此處婉轉説明上你節目的優點是什麼？）

不知道您們五月是否有空？無論如何，首先感謝您們撥空閱讀此信。如果可以的話，更期待您們的回覆。

《台灣問事》Podcast 節目主持人 XXX 敬上

聯絡電話：7777-5927

（Line、IG、FB、Twitter……）

（以簽名檔型式，附上節目 LOGO 與各式各樣的聯絡方式，讓對方無論如何都能找到你）

臺灣通傳智庫《台灣問事》節目簡介：

各行各業面面觀、專家生手知識分享、作家老師對談、生活百態寫照，這個園地想要帶給聽眾輕鬆有趣的事情，有什麼問題都歡迎大家來提問！

搜尋｜Facebook

聯絡信箱｜ucareer612910@gmail.com

https://www.facebook.com/taiwanquestions/

（附上節目簡介，與節目影響力，比如：不錯的下載流量或受媒體報導、被誰推薦過、哪些名人上過……）

等你的邀請函被接受後，可以再寫封確認邀約的 mail 給對方。詳列邀訪時間、地點、訪問大綱與訪談相關注意事項。幫助你與你的受訪者記錄下來！

5-3))

國內外知名 Podcast 成功心法

Podcast 的節目主持人在進行訪談時，最重要的就是透過**提出適合的問題引導受訪者表達出他們真正的想法**，絕非只是問問題讓來賓回答。主持人必須對受訪者有深刻的認識，才能在訪問過程中建立雙方密切的關係，這個做法能放鬆嘉賓的心情，讓他不至於感到緊張，與你對談時可以表現出真正的人格特質。主持人的角色絕對不能只是問問題而已，你要對來賓的個人背景及要討論的議題做深入的了解，包括討論的話題、問哪些問題、受訪者性格特質以及如何引導其回答等，如此才能避免訪談內容流於表面，進而深度揭露事件發生的過程，以及背後發生的原因，讓聽眾有興趣繼續聽下去。

訪談類型的 Podcast 節目特別重視與受訪者的互動，主要目的在提供聽眾新的資訊及觀點。我選擇國內外相關製作模式的內容作為範例來進行討論，如《台灣通勤第一品牌》強調多元的受訪者，主持人挖掘出嘉賓個人背後真實的故事，結合獨特的主持風格，如爽朗的笑聲、真誠的風格以及有梗

的內容，使聽眾能夠充分融入情境之中。《喬・羅根體驗》（*The Joe Rogan Experience*）為美國最受歡迎的 Podcast 節目，推出時間長達十年以上，期間已經有數千名的受訪者。由於主持人獨特的背景，常常能夠邀請到頗具分量的受訪者，透過辛辣、犀利的提問，以及絲毫不忌諱地談論各種具爭議的議題，如種族歧視、性別偏見、大麻使用等，自然不做作的節目風格，儘管常受到外界的批評，卻也深受聽眾的喜好。

▶ 看似單純的對話也需要事先與受訪者籌劃、商討

　　號稱全台灣最懂聊天的 Pocast 節目《台灣通勤第一品牌》長期占據 Apple、Spotify 台灣 Podcast 的排行榜前三名。《台通》節目的特性為話題內容包羅萬象，曾經邀請知名網紅、律師、寵物溝通師、星座專家上節目，也請過民進黨高雄補選候選人分享他在地方治水、處理地方電台以及音樂文化產業的經驗，兩人甚至曾親身前往台北一家「21 號萬隆漫畫店」的現場，訪談 66 歲的漫畫店老闆老周 Michael Chou，請他暢談個人的退休生活規劃。由此可見，透過與受訪者最真實的互動，誠實地說出自己的看法，並結合網路上的流行用語，或是說些沒用、無意義的話，不僅紓解了聽眾的壓力，還能夠表現得很有梗，大受粉絲的歡迎。

兩位主持人李毅誠、張家倫原本合開便當店，因為受疫情影響生意不佳，決定製作 Pocast 節目。《台通》的節目主旨是希望能扮演與聽眾閒聊的角色，型塑出與親朋好友、大家聚在一起閒聊天的氣氛，因此，他們會在節目中保留最真實的一面，加上對彼此非常的了解、熟識，對於各集題材的選擇也能充分掌握，創造出「鮮蝦挺」（先瞎挺的諧音亦成為節目粉絲的口頭禪）；就是因為兩人都非常熟悉對方的行事風格，所以在節目中會一直嘗試以不同的角度、立場去討論議題，分別代表多元聽眾的看法，如此就能激發出討論的熱情。主持人的互動成為帶動節目風氣的關鍵，吸引聽眾上線收聽。

　　每一集的《台通》都會邀請不同受訪者。訪問者最重要的工作是讓聽眾認識來賓；在與來賓的對話之間，解答聽眾想要知道的內容。兩位主持人不只是提出問題，而是讓大家更了解受訪者，用輕鬆、幽默的方式知道主題背景、內容，並避免喧賓奪主，導致核心議題失焦。整體觀察《台通》節目的特色，是訪問任何人都能夠很到位且富有趣味的節目。例如相當受粉絲歡迎的第 22 集「機智退休生活 feat. 1954 年生的 Michael Chou」直接在漫畫出租店訪談老闆老周及其退休生活，分享他豐富的人生歷練、當時開店的心路歷程，更因為世代年紀的落差，主持人與老闆的對話交錯出詼諧的對話內容，錄音期間還遇到客人借漫畫結帳，也是一刀未剪的

原音呈現。音檔經過簡單的後製就直接上傳，這種看似單純的對話其實已經與受訪者事先籌劃、商討，才能在七嘴八舌的閒聊中談出有意義且具深度的資訊。

▶ 看似隨興聊天，卻非瞎聊，須緊貼主題

主持人以隨興聊天的形式與節目來賓互動，討論時事及生活小事，但並非是說些言不及義的內容，或是單純信口開河，講些謾罵的話語，而是能夠發掘貼近日常生活的題材，找出其中發人深省的意義。兩人一搭一唱如同唱雙簧，憑多年的默契共同製造笑點，臨場做出各種反應，才能創造出真實的對話。以第 11 集「不要讓小雞笑我們ㄅ」為例，討論政府紓困補助政策，邀請新北市的公務員小雞上節目說明：紓困行政作業背後中央與地方的矛盾立場，此種不按套路出牌的方式，加上主持人與受訪者具特色的語氣和語調起伏，自然地讓聽者走入節目劇情當中，跟著一起捧腹大笑。

現今網路發達，閱聽眾養成快速、簡短的媒體使用習慣，《台通》這類以新聞時事及日常生活大小事為題材的節目，特別需要重視內容及節奏的簡潔緊密，主持人及受訪者的**談話必須貼緊該集節目的主題**，否則易變成天馬行空的閒聊，觀眾容易耐不住性子轉台；此外，除了核心的討論主題外，

兩位主持人進一步大量擴充相關的話題，這部分需要做足功課，閱讀相當多的周邊資訊，才能因應聽眾的喜好，在訪談過程中延伸出其他的故事或觀點。此外，由於兩人對於節目題材都有一定的掌握程度，討論議題時不會流於口水之爭，更避免以煽動或主觀的角度進行評論，扮演好帶領者、溝通橋梁的角色，促進更多的對話，增進不同立場的互相理解。

◉ 邀請重量級來賓，一刀不剪呈現真實樣貌

美國知名 Podcast 節目《喬‧羅根體驗》（*The Joe Rogan Experience*）是由喜劇演員、節目主持人及運動評論員 Joe Rogan 在 2009 年所推出的節目，已發布超過數千集以上的內容，為目前全球最受歡迎的節目之一，2019 年的每月下載量高達 1.9 億次。這個節目最主要的特色是能夠邀請到相當多重量級的來賓上節目接受訪問，包括 2020 年美國總統候選人楊安澤（Andrew Yang）或是重要的政治人物、演員、科學家等，甚至是電動汽車特斯拉（Tesla）的創辦人 Elon Musk。

整體而言，這個 Podcast 邀請各式各樣的來賓上節目，訪談時間長達數小時。由於節目時間長，而且一刀不剪地直接播出，因此能讓來賓敞開心胸放膽討論，自在地說出想說的話，呈現出日常生活中真實的樣子。尤其節目含有各種知識及資訊，

透過主持人與受訪者的聊天、對話，聽眾可以收聽到各種不同切入角度的觀點、富啟發性的科學新知以及精彩的人生故事。

這個 Podcast 節目最大的特色在善於製造各種話題，特別是談論具爭議性的題材及邀請受質疑的來賓上節目，例如一些極右派的言論和主張陰謀論的嘉賓（如評論家 Alex Jones 他個人對於女性的評價看法亦頗具爭議）到節目中作客，內容播出後引起極大話題。此外由於議題葷素不忌，包括涉及種族歧視、對跨性別的看法等，加上主持人 Joe Rogan 也是一位喜劇演員，善於挖苦來賓、開玩笑，或是針砭時事議題，評價且兩極化。

其中備受批評且引起各界軒然大波的是在 2018 年 9 月播出的第 1169 集「Elon Musk」，在網路直播訪問的節目上，特斯拉執行長 Elon Musk 與主持人 Joe Rogan 喝著威士忌，還直接抽起大麻，討論著一把古董武士刀，訪談的全程錄影，相關影片迅速在社群媒體上被網民瘋傳。Musk 受訪時表示：「我不太常抽大麻，事實上我並不覺得有任何影響……我知道很多人喜歡大麻，但我不認為大麻對生產力有任何幫助」。儘管主持人告知他身為特斯拉的管理階層，這種行為會引起股東的關注，他仍然不在意的重申：「我是說，這是合法的，對吧！」然後兩人開始討論太空旅行和人類文明的未來，當節目進入尾聲時，他表明：「愛才是答案，世界上擁有更多的愛才不會有傷害」。當主持人詢問他要如何具體解決時，

Musk 強調，人們應該要花更多的時間陪伴自己的朋友，同時減少使用社群媒體的時間。

▶ 做最真實的自己，反而受歡迎

Joe Rogan 從來不介意在節目中談論各種敏感的話題，特別敢暢所欲言，對聽眾具有高度的吸引力，立場上不會追求社會主流價值觀，不擔心說出的話會對社會某些群體造成冒犯，對於已經厭煩要求政治正確的美國聽眾，反而獨具魅力。而且儘管他身為主持人，卻不裝模作樣，或是矯揉造作、自以為是，反而對各種事物展現出高度好奇心，以謙虛的態度請教來賓，或是雙方共同討論；親切的態度讓人不會覺得有距離感，同時提供很多新知識分享給聽眾，像是社會問題、黑洞、蘑菇咖啡、牙膏等。每集節目時間都非常的長，要如何在這麼長的時間內維持聽眾的注意力，其實是非常不容易的，尤其是一周內不定時的推出好幾集，這就需要主持人在節目中保持高度的精力與好奇心，不斷與受訪者互動並挖掘出新的資訊，才能讓節目順利進行，且不會顯得無聊。

Rogan 主要是透過他獨特的個人特質吸引聽眾，他具備足夠的耐心與氣度把與受訪者的對話當作一種閱歷，而非僅是無意義地詢問。我們在主持節目時，務必**要隨時觀察受訪**

者的狀態，讓節目來賓感覺身處在這當中很自在，讓雙方的對話能更具深度，從喚起過往的經歷，到協助對方敞開心房進而願意吐露心聲，讓聽眾能接收到最真實的聲音。在現實生活當中，Joe Rogan 彷彿永遠都是那麼的精力旺盛，對於自己認為對的事情絕對會據理力爭；對達到成功的渴望，以及正面對待自我與生命意義，他每天都在各種不同的領域浸淫並精進自己，同時積極透過不斷的嘗試以學習更多新的事物。

　　和網路閱聽眾無法長時間集中注意力在單一個內容上不同，《喬·羅根體驗》的聽眾有足夠的耐心將節目從頭聽到尾。這全靠主持人自身具備深刻挖掘節目來賓個人亮點的能力，藉由傾聽對方的聲音，一方面發掘出好故事，另一方面協助聽眾學習新知或吸收不同的觀點。他的主持風格並非採取說教無趣的方式，單面向的告知人們，也並非強調鉅細靡遺的闡述。訪談前 Joe Rogan 必定充分針對對方的背景作深入研究，與來賓互動時不忘保持對話題充滿興趣，不會刻意去討好或詆毀受訪者，致力於展現給聽眾整體事物的原始面貌，因此不會剪輯、過濾任何內容或論點，完整上傳訪談的全程，留給聽眾自己去理解、思考、探尋，此一作法能夠充分滿足人們求知的慾望。

　　透過這個 Podcast 可以接觸到各式各樣的社會資訊，藉由主持人熱情、幽默的態度呈現，不時穿插一些嘲弄、譏諷激起個人興致，此種模式展現出他隨時保持對一切未知充滿好奇，而同樣的氛圍也會感染粉絲，形成了正向的循環。

5-4))

採訪和約訪的技巧：
讓你與你的受訪者同感幸福！

採訪前

一、約訪時告知採訪問題和約略所需時間。

二、採訪地點以方便受訪者配合為主。且必須以寬敞的空間為佳。

採訪時

一、受訪者回答中勿干擾，以免聲音相混，後製時難以處理。

二、多用肢體表達對受訪者談話的支持，而非不斷的「嗯～嗯～啊～啊～」。

三、每一個問題焦點明確，但避免用「是不是」的封閉式問句。

四、為避免受訪者尷尬，敏感問題應以試探性的口吻訪問。

五、戴耳機監聽音量，並以靜音或悅耳的自然環境音為佳。

臨機應變：多注意弦外之音

一、從受訪者的答案中，以問題的形式，再次發問。

二、從受訪者的想法中做出摘要，轉成問題或替受訪者做總結。

三、如對方離題太遠時，要以幽默的方式適時介入。

第 6 部分

請神燈前，
記得先磨擦！

工欲善其事，必先利其器。

若欲請神燈，朝朝勤拂拭！

6-1))

神燈的祕密

————————————〜〜〜

　　大家或許都聽過那隻藍色、在頭頂上綁個啾啾的神燈精靈，但其實他並不是故事中唯一有用的精靈。在《阿拉丁與神燈》的故事中，阿拉丁受叔叔指使，到漆黑的山洞裡取神燈。進洞前，叔叔給了阿拉丁一枚戒指，沒想到，阿拉丁拿到神燈後，聽到的卻是叔叔惡言相向，他不敢爬出洞。於是，被一怒之下的叔叔關在洞裡！是戒指神跑出來，帶阿拉丁與神燈安然無恙的回到家中！

　　不僅如此，在神燈被法師用計偷走時，因受制於「誰摩擦神燈，誰就能成為他的主人」。於是神燈精靈成為法師的超強打手，奪走了阿拉丁的一切。直到阿拉丁再度拿回神燈，請戒指神幫忙，才重新回到幸福的日子！

　　那麼，戒指神才是故事中最強大的嗎？其實戒指神之所以能夠現身，靠的也是阿拉丁摩擦它。換句話說，在整個故事中，如果想要靠神燈精靈為你做點什麼事；靠戒指神帶你去什麼地方——你都必須靠著自己的雙手時時摩擦，才能夠

變出你想要的世界！

真正強大的，是阿拉丁本人！

運用錄音器材創造你的 Podcast 世界時，那些看起來相當厲害、酷炫的設備，就好比神燈與戒指一模一樣！讓你節目動聽的，不是那些設備，而是你的看見、你的故事、你指引它們展現的內容，才是真正的關鍵！

那麼，究竟製作一個 Podcast 節目，需要哪些設備呢？

① 一支好用的麥克風

現在有很多 Podcaster 用的雪球型桌上麥克風，收音效果還不賴！坦白說，現在的智慧型手機錄音效果也不差。剛開始製作節目的時候，或許可用手機試錄，我很多學生都是用手機完成節目錄音作業的。

② 防噴麥罩

它可以讓你在發「ㄆ」和「ㄙ」的聲音時，不會讓聽眾覺得被你發出的氣體攻擊了。不過，若你有雙巧手，並且不介意來賓覺得你太過居家，這個道具其實可以自己做！

· 你需要一個市面上賣得最便宜的那種鐵絲晒衣架（家中過久要廢棄的，正好可以回收使用）

- 把它隨意彎成你喜歡的形狀，並架在桌上
- 準備黑色的女性半筒絲襪，套在你做好的架子上，如照片所示
- 放在你的嘴巴與麥克風的中間，完成！

❸ 錄音設備

我個人比較喜歡用日本音訊產品製造商 ZOOM 出的錄音機。因為它可以直接當作麥克風來使用，省錢又方便！許多歐美國家的記者都用這個牌子的錄音機當作麥克風外出採訪，收音品質相當清楚。無論是最低階的手持式錄音機或是加入效果器者，都相當不錯。不過，要記得幫它買個麥克風支架，以免它收音過於敏感（拿在手上時，連揮動聲都能聽得很清楚！）而影響錄音品質。

此外，要記得時時檢查電池，並帶幾顆新電池備用。錄音、採訪前務必留意記憶卡空間是否充足！很多悲劇都是出在電池與記憶卡上！錄製的節目就像我們的囡囡和仔仔，有個閃失、夭折，都會令你心痛不已！所以，請時時去產檢，三不五時存一下檔！即便生出來，也幫它保個險，備份一下！

附帶提醒，錄音的檔案格式需轉為 MP3 檔。因為它是相

容性最高的檔案，無論你放在哪個平台上架都很方便，也不會影響播放出來的節目品質。

註：此外尚有許多免費的錄音軟體可以使用！
（1）電腦本身：Mac 的 Garage Band、Windows 也有內建
（2）網路上還有：Online Voice Recorder、Apowersoft、Record Pad Sound Recorder、Absolute Sound Recorder，個人覺得品質都差不多，線上也有動態免費影片可學習。

---

❹ 剪輯軟體

免費的剪輯軟體現在網路上一籮筐！我個人建議：因為每個人喜歡的介面與習慣不同，找你操作容易、快速上手的就好！

我個人是比較喜歡老式的 cool edit pro（在 Google 上搜尋，即可看到免費下載，還可挑國語版。此外，有很多免費影片實際操作教學）。喜歡用它的原因是，我是個懶惰的傢伙！它可以幫助我錄音與剪輯一起搞定！它算是功能強大的多軌錄音軟體——多軌錄音，同時剪輯。用它錄唱片都可以（它甚至可以將歌曲中的人聲去除，讓你享受當歌星的樂趣！但這在播出時有違法爭議，建議獨享就好）！

6-2))

成為情境營造的高手

因為 Podcast 節目屬於「空山不見人，但聞人語響」較為單調（只靠聽力）的傳播，所以要如何讓聲音多層次的展現，得以營造情境、氛圍，變得極為重要！除了主持人需要有豐富的聲音表情，適當的音效、襯樂亦能帶出逼真的情境（讓聽眾如親臨現場），或讓聽眾發揮想像力，創造出此情只應天上有的魔幻之境！

為了營造美好的情境氛圍，你該做哪些努力呢？

❶ 收音清楚的環境

為了讓聲音更豐富，當然可以有符合主題的背景音；但背景音的聲量不能掩蓋說話者的聲音，使其變得混雜、不清晰，讓聽眾聽不清楚真正的談話內容或聽得很吃力。同樣的道理，在你播放節目襯樂時，不要讓襯樂壓過了受訪者的聲音。

這時候，錄音環境的選擇將成為重點！到底是去受訪者

所在的地方錄音比較好呢？還是到你平時的錄音場地呢？其實，我覺得只要收音清楚，你與受訪者協調愉快，都沒問題！怕的是，你想做連線 call out ／ call in 節目！

因為你無法掌握一般聽眾的錄音現場與收音設備，所以連線有比較多的不確定性。花了彼此的時間與精力，但最終的品質卻無法盡如人意，豈不可惜！事實上，正因為無法掌握對方的收音環境與設備品質，就連電台也傾向盡量不做 call out ／ call in 的節目。如果僅是節目的一小段，還能忍受，就當作節目變化的橋段。可若是整集節目從頭到尾都以連線的方式完成，對聽眾的耳朵可是一大磨難了！

不一定要你在多華麗的地方錄音，還記得，我剛開始接電台節目的時候，做的是台東電台的《星光上的喵》。住在台北的我，無法週週到台東錄音，家中又沒有錄音室，該怎麼解決這問題呢？後來，我硬著頭皮找了支低階 ZOOM 牌麥克風、在麥克風前自製了防噴麥罩。接著找了大量的棉被鋪在我家最陽春的塑膠衣櫥裡（有拉鍊的那種），讓衣櫥內裡四面都充滿了棉被。我往棉被堆裡一坐，在棉被的包圍下，開始了正規的錄音！

神奇的是，品質竟不差！我一整年都用這種方式錄製節目，壓根沒有人發現不是在錄音室裡進行的！

❷ 音效、音樂和演講一樣，都需要鋪陳！

掌聲、歡呼聲、噓聲都是在平日訪談裡，最常聽到的音效。當然，還有些簡短滑稽的音樂、或是極富節奏感的新聞性短音，善用它們，往往能讓節目充滿活力！在製作故事類型的節目時，雨聲、打雷聲、大眾運輸工具的聲音……，更讓聽眾彷彿在現場遊歷般。而襯樂、音樂的使用，讓主持人在訪問來賓時，加強了因為音樂連貫而有的順暢感；更可在談話時，鋪墊了空白。

妥善使用音樂、說話時當背景音的襯樂、純粹播放來欣賞的歌曲，都能夠讓節目聲聲悅耳。但是，它們終歸是前菜、是用餐時的葡萄酒、是餐後的甜點，不是主菜！所以，它們不能喧賓奪主。它們的使用必須搭配主題、主持人引導的情境，陸續地進場。

它們也不能影響上菜的整體狀態。當音效出現時，必須合情合理；過短，如 3-5 秒的音效，也不宜過度出現！如果是戲劇類的節目，要照情節出演；如果是訪談性的情境，只要用幾次就足夠了。再多，顯得太過油膩。從有趣變成了一種打擾，讓人無法好好享受大餐，讓聽眾無法好好聆聽今日的主題。襯樂的使用必須記得：出現時，要逐步大聲（fade in），再漸趨小聲，以迎接人聲。在節目結尾時，即主持人與來賓向聽眾說再見時，襯樂同樣要逐步轉大，再漸趨無聲

（fade out）。**音樂的使用，同樣要謹記 fade in—音樂—fade out**。這樣，才不會嚇到大家，顯得突兀！

❸ 剪接將改變結果！

　　進行 Podcast 節目剪接時，可以盡量把非必要的雜音（翻紙聲、桌椅不小心碰撞到的聲音……）修剪掉，或是過多的「嗯」的聲音。有些主持人很喜歡在來賓的每句話後面加「嗯」，但多了很容易讓人不耐。或是自己每句話說完，都回應自己一聲「是」，這個「是」多了也很容易讓人覺得：這主持人對自己這麼沒自信嗎？怎麼每句話說完，都要自我確認回應呢。

　　好的剪接會讓節目聽起來更流利、利落。不過，也不能過度修飾。例如為了將你回應來賓的「是」剪掉，導致來賓句子的最後一個字沒有完整的發音結束，這樣聽起來會有突兀、未完結的感覺。所以，凡剪接過的地方，一定要重新聽過。寧可自然的不完美，也不要人工的做作！

　　說錯的話如果想要重來，建議不要從句子中間重錄、剪接，而要將整句話重錄。因為每次說話時的口氣，多少有些不大相同。如果從句子中間重製，會讓語氣變得不夠自然。

　　除此之外，主持人與訪賓對話間的空隙（或是故事主角間的對話空隙）因剪接前後發話者的聲音銜接距離，將產生

不同的效果。比如：

主持人：「你最喜歡這部電影的哪一個環節？」

受訪者：「我覺得它的每一個環節，都很有趣！」

　　倘若剪接時，將兩句話剪得很近，幾乎是主持人說話，受訪者立刻回應：你會覺得受訪者非常喜愛這部電影，非常積極應答！但是若將兩句話剪得較遠，即主持人提問，隔了一會兒，受訪者才回應。你會覺得受訪者沒那麼喜歡這部電影，所以思考了一下，才禮貌性的應答。

▶ 名作家劉軒都用這一套

　　由於我在小學時，最常接觸的傳播媒體就是廣播，故深受當時節目主持人的吸引，早早立志：將來長大，一定要成為廣播人！所以，當國小六年級有機會參加中國廣播公司辦理的營隊時，當然不願意錯過！想不到的是，帶領的大哥哥、大姊姊說，其實他們對外聘人時，並不要本科系出身的學生！因為即便機器操作再複雜，你每天上班摸八個小時，幾天下來也該學會了！重要的是──內容！

　　因此，他們對外徵才，希望能徵得學有專精的人才！例

如你是修財經的，大學四年讀完，你富有強大的財經知識。或者你是讀體育的，當別人在說球員受傷時，你不僅知道受傷的精準部位，還知道這對未來幾場比賽的影響；又或者你是電影達人，在陳述電影時，就能用不同的角度切入；你飼養貓咪很多年，知道貓最愛的食物，其實是雞肉，不是魚肉……。以上都在說明錄製節目，機器從來都不是最重要的！

後來，我進了電台工作，至今快二十年！我發現，機器真的不是重點！設備時時更新，卻越換越簡單、越換越符合人性！市面上的錄音設備與品質也是日益精進。目的都是讓你方便上手！所以，不用害怕機器。使用的便利性才是機器不斷修改的原因（它應該比較怕人類吧）！

更何況，製作 Podcast 等自媒體，受眾期待的是你成為他們的朋友，而不是一位全知全能的偶像！因此，倘若你的粉絲能夠跟你一起成長，他們會感到非常開心！他們**喜歡看到的不是一開始就很完美的你，而是與他們一塊越來越進步的你！**無論是內容或使用的設備，皆是如此！

在台灣的 Podcast 圈裡盛傳一句話：「沒有做滿一年，不用特別買錄音器材」。一來是因為不知道自己會做多久？二來是因為即便節目長長久久，但在網路上留下青澀的第一集到後來各種進步內容與設備，才會真的感動人！所以不要懷疑，盡情留下你奮鬥的軌跡吧！

當然，會有人想要一下就到位！錄音品質直接達到業界水準，襯托自身的品牌形象！那麼，我推薦你使用這套台灣資深電視節目製作人王偉忠肯定、名作家劉軒使用的 Podcast 高規格設備：

品名	廠牌	型號	數量	單價
播客工作站	Rode	Rodecasterpro	1	24,000
電容式大震模麥克風	AKG	C414 XLS	2	35,000
專業監聽耳機	Sony	MDR-7506	2	3,750
桌上型麥克風架	cnbear	K-801-2B	2	210
平衡式音訊連接線	BENEVO	2M XLR	2	305
攜行箱（保護攜帶）	KUPO	CX7326	1	11,130

6-3))

國內外知名 Podcast 成功心法

由於 Podcast 的聽眾具有向心力高、黏著度強的使用特性，聽眾能在節目上聽到多方意見的呈現。當主持人與受訪者對談、閒聊時，可能會透露出看法或心聲，有時還可進一步讓來自各方不同觀點進行討論與交流，透過訪談對象提供現場第一手的資訊，觸動了聽眾在面對類似情境時可帶入其中，自然會對節目產生認同感。因此，一檔好的 Podcast 節目必須要建構出完整、緊密的情境，讓聽眾自由地發揮想像力，特別是**節目進行中絕對不容許空白、沒有聲音，甚至是聲音錄不清楚的情形發生**，否則聽眾很快就會覺得不耐煩，然後離開。

▶ 好的錄音製播器材能讓紀錄片型式節目 有事半功倍的效果

近期國內外出現一些能夠營造完整節目情境的 Podcast，讓聽眾得以浸淫在不同的主題當中，滿足求知的動機和需要。

例如原本以獨立公共媒體出身的網路新聞《報導者》,過去以文字和圖片作爲呈現方式,之後更進一步以 Podcast 的作法,希望透過聲音營造另一種使用情境,讓受訪者的說法原音重現,避免記者過多主觀意見涉入。加拿大的犯罪紀實報導 Podcast《打擊犯罪》(*Crime Beat*)同樣由具豐富採訪經驗的記者,針對重大刑事案件分享採訪心得,透過豐富的人脈,訪談到關鍵對象,講述、分析令人震驚的故事,展示當時未曾曝光的資料,讓聽眾如同親身經歷現場,還原事件發生過程,感受被害者及關係人所面對的困境、傷痛。

● 現場紀實節目須特別留意錄音製播器材

此類新聞紀實性質的節目特別強調以紀錄片的形式對各類事件做深度報導,賣點不僅是將一些事實進行播報,也依賴優秀的記者或主持人引領整體節奏運作,重視整體情境的營造;此外,透過好的錄音製播器材,順利達到這個目標,這部分是在錄製節目時需要特別注意的。

由台灣獨立新聞媒體《報導者》所製播的 Podcast 節目《*The Real Story*》,強調由專門進行調查報導的記者將採訪的內容素材,透過訪談、對話,以及第一人稱敘事的方式,帶領聽眾走進新聞事件的現場,完整述說記者所發現的各種故事,忠實呈現幕後花絮;同時將期間所遇見的人物一一檢

視，清楚交代新聞發生的所有細節，聽眾彷彿就在現場經歷；這個節目主要是「希望以聲音的形式，陪伴你關心世界、走入在地、聽見多元社會脈動」。

報導者致力於針對公共議題進行深度的調查報導，內容著重國際事務和社會文化觀察，目標是透過 Podcast 節目以另外一種不同的方式：「聲音」，呈現給聽眾，不同於過去以文章、攝影照片的表達手法，包括分享採訪的心得，以及幕後會發生的事，邀請各界專家與聽眾分享不同觀點，或是邀請社會議題中的行動者，反應事件現場最真實的聲音。主持人劉致昕表示，報導者的出現是一場實驗，希望未來能繼續拓展，透過更多不同的方式陪伴大家，扮演公共媒體的角色。

● 透過採訪模式，以聲音呈現活靈活現的新聞事件

《*The Real Story*》第 1、2 集述說「安毒精靈」。報導台灣跨國安毒生產的過程，了解其中份子的心路歷程、整個事件背後的故事及經歷。透過記者詳細的說明，感受到運毒集團成員的無奈，受限於經濟因素，為賺取暴利，或仗著義氣，不知不覺成為一名運毒犯。處於社會底層的青少年或成年人鋌而走險，記者在節目中道出與囚犯、青年、家屬互動的感觸。由於聲音可以完整呈現受訪者的心情，以及這件事

對他的影響，相較於文字、圖表，更能深刻引領聽眾去思考議題，經由故事所塑造出的氛圍，讓情境變得更爲完整，至於對於新聞產製的影響，仍待後續進一步的驗證。

主持人主要扮演引導者的角色，必須觀察並留意現場氣氛，引導受訪者並防止內容偏離主題，讓訪談具有臨場感，方能達到新聞內容高度眞實性及可信度，如第 1 集中的記者主要是描述訪問到的新聞內容，主持人在旁提供背景資料，同時適當地提出相關問題，透過引言及提問，讓新聞素材得以反應整體事物，使聽眾進入狀態；如此就能夠讓聽眾在主持人和訪談對象的互動過程當中，呈現出一個生動、具體且活靈活現的事件景觀。

這個節目希望能經由聲音的傳達，讓人們體驗新聞有不同的感受，特別是過去的新聞，不論是題材的發掘、採訪的對象、分析的角度，大多是以記者爲主體，此一作法導致部分處於弱勢的群體容易被忽略。如今 Podcast 的出現，讓聽眾能夠參與討論，亦使新聞產製變得更爲多元，題材也多樣化起來。此外，現代人越來越無法靜下心來閱讀大量的文字，但是 Podcast 卻可讓聽眾收聽較長時間的節目內容，自然可平心靜氣的進行深度討論，降低新聞內容日漸膚淺的情形發生。

因此不僅是專業內容的報導，《The Real Story》第一季的最後一集更開放錄音室的麥克風，邀請五位聽眾朋友在節

目上獻聲，且針對聽眾在社群媒體平台所提出的問題加以解惑。這個節目強調，「有哪些故事能夠被聽見，透過恰當的方式被理解，形成更多的思考，進而造成個人或整體改變，大家互相有了對話」。

▶ 完整揭露新聞細節，塑造獨特收聽氛圍

加拿大的 Podcast 節目《打擊犯罪》（*Crime Beat*），由犯罪報導記者 Nancy Hixt 透過傳統電視及網路報導進行深入的研究，更結合她個人過去二十年來曾經到過犯罪現場所累積的經驗及豐富的知識，探討加拿大一些最引人注目的刑事案件，每集帶你進入故事情境，向聽眾提供新聞中未曾聽到的詳細訊息。此一獨特的真實犯罪節目分享了二十年前犯罪活動未曾揭露的各項細節，包括許多人可能會記得或聽說過的引人注目案件，只是過去沒有如此完整的資訊而已。

Hixt 表示：「我一直想以更長久、更深入的方式講述故事」。由於電視新聞報導一般約 2 分鐘，電視台無法將所有細節塞進去。在她所報導的每個故事中，都有非常多的幕後故事。她認為該企劃吸引人的部分在於，為她所報導的犯罪受害者家屬提供一個平台，分享當時遭受的創傷和損失如何影響他們的生活。

在《打擊犯罪》的第 1 集中，聽眾會聽到 2011 年 11 月遇難的 6 歲小女孩 Meika Jordan 的家人分享，自女孩去世以來的生活情形，包括女孩被殺時人在現場的小弟。家人與主持人分享了一些令人非常感動的細節，包括一首歌曲，Hixt 說：「觀眾在聽到 Meika 弟弟為她演唱的歌曲時，心都融化，甚至連我聽了都感到激動、悲傷」。

至於第 2 集則是以「躲過兩次子彈」的人為中心，在成為犯罪受害者二十年後，他仍然承受著一生所經歷的創傷。主持人帶領聽眾回到過去二十年時，與這個人針對當時的情形進行訪談，談論他二十年前所經歷的過程，就像開關爆發了一樣，受訪者的想法又回到二十年前，儘管事情已經過了很長的一段時間，他仍然崩潰了，情感並沒有就此消失，而且這些感覺永遠也不會遺忘。

▶ 克服困難持續開發新題材

整個節目中，聽眾深刻的感受到 Hixt 作為記者報導的艱難，恐怖的故事如何影響了她自己的生活。她毫不諱言的表示，由於在採訪犯罪案件的過程看到一些令人怵目驚心的事，特別是在第 1 集的節目當中，忠實的呈現該案對於我個人的影響：「我每次面對此案都會一直做噩夢，我真希望從未見

過這些照片，它至今仍糾纏著我。因此，想像一下，經歷這些難忘過程的家庭承受了多少呢？」她說，與受害者家屬保持某些關係使她成為一個更富有同情心的記者。

Hixt 在加拿大艾伯塔省中部的一家小型電視台重新審視了她從職業生涯開始採訪的幾起罪行，有些案件已經解決並結案，還有一些案件仍在審理中。在接下來的時間內，其中兩集節目還針對她花費長時間處理，但至今仍未解決的案例進行探討。聽眾將深入了解法庭程序的工作方式，從獲取證物和法庭文件到 Hixt 如何發現並與受害者家庭建立關係。在每一集中，都有從未發布過的獨家新訊息。她說，深入研究這些故事需要幾個月的研究和事實查核，尤其是那些歷史檔案、法院文件和過去電視上不易呈現的老舊故事。Hixt 希望能透過報導，帶領聽眾走完整個案件發生的過程。

《打擊犯罪》每小時都將審視一個不同的案件，從謀殺、性侵到家庭入侵，所有這些都對受害者本人或逃過一劫、留下來收拾殘局的受害者關係人產生了長久影響。Hixt 希望節目能塑造出一種讓受眾更為投入的方式，聽眾幾乎可以感受到當時人們的切身體驗，也能夠聽到主持人親身採訪時所聽到的各種說法。

6-4))

培養自信的心理暗示──酸檸檬遊戲

再好的麥克風，如果沒有內容，

便無法發聲；

再好的錄音設備，如果沒有自信，

便無法駕馭。

建立自信的方式──為自己增設一套心理暗示法！

① 深呼吸,開始在腦中想像一顆檸檬

② 拿著這顆檸檬,它是什麼觸感?

③ 用力捏它,讓它冒氣……

④ 用鼻子聞,你聞到什麼樣的檸檬味?

⑤ 再用力,把它掐出水來!

⑥ 水滴噴到你臉上的感覺?

⑦ 伸出舌頭舔一口……

⑧ 什麼味道?

⑨ 你吞口水了嗎?

用越多感官想像,你將越能克服緊張!

圖片來源:www.freepik.com

第 7 部分

告訴世界，
我來了！

白天鵝教你怎麼努力，
黑天鵝教你怎麼避免危機！

7-1))

讓聽眾成為你的靠山

～～～

　　終於，來到最後一部分了！在這裡，我們要來聊聊如何讓聽眾成為你最堅實的靠山！由於大家現在已不太瘋迷、崇拜唯一的偶像，處處可見爆紅的團體，再從團體中，找到可以投射自我的對象！明星們也一個個走下神壇，卸妝、扮醜，讓粉絲們感到很容易親近、沒有架子！

　　群眾對直播主與 Podcaster 的期待，是以「找朋友」的方式來看待。所以，你不必事事知曉；反之，需要做的是顧好你原有的專業。然後慢慢拓展，努力學習與進步。這還標示出一個全新的概念──「**懂得求救的重要性，不用當個全知者**」！

　　還記得嗎？前面我們提過，你的聽眾喜歡與你在一起，共同創造這個節目！所以，當你有問題時，可以大膽的向聽眾求救；一來，可以讓你走下神壇，告訴聽眾這節目歡迎大家一起來玩；二來，可以增進你與聽眾間的黏著感與相互依賴；三來，不少心理學家（如 Jon Jecker、David Landy、Gloria

Manuncia 等）都證實了，人們喜歡助人更勝於被幫助！因此，請大膽、直接，且誠懇的向聽眾尋求幫助吧！

　　就像是你是心理專業，若想要精進錄音軟體，可以在節目上直接詢問聽眾。你會意外的發現，大家很樂意幫你做功課，提供情報！然後，與你一起讓節目更進步。當然！你要記得開心地謝謝大家的投入！

　　讓聽眾成為你的靠山，首先你必須做到不讓期待的聽眾失望，亦即新節目上架的時間到了，你不能讓他們等不到！換句話說，請不要上了一集節目後，才開始錄一集！這樣你的心理壓力會很大，不確定性也會相對提高！我建議你可以多錄幾集節目當備用，以防不時之需。一次上一集節目，可以幫助聽眾時時追隨你，慢慢培養感情。而一次上完全部的新節目，亦可以造成一時的話題，爆紅的速度相對較快。它們不同的優點，正是彼此的缺點所在。

7-2))

打造好名聲

　　當你的節目做好後，便要上架到 Podcast 節目平台啦！在此同時，我建議你建一個臉書粉絲團、免費的網頁或同步公布在 Line 貼文上，總之：**替不想下載 App 的人找到可聽見你節目的機會**！

　　此外，在 Podcast 節目平台上你還需要做幾件事：

❶ 製作吸引眼球的照片或圖像

　　由於 Podcast 節目平台具有極強的網路特性——視覺導向！即便節目只有聲音演出，但是在平台上點選節目前，你看到的卻是五花八門、爭奇鬥豔的圖檔！所以，你怎麼能不認真看待門面呢？以《台灣問事》節目為例，以下三個圖檔，你覺得哪個較適合成為節目的門面呢？

雖然三個圖都包圍著節目四處探尋新知、向各行各業請益探訪的精神，但是第一個圖太過單調；第三個圖放大看時，元素多元相當精彩，只是需要考量一個實際的問題：就是 Podcast 平台擺放的圖檔，大多需要縮小圖片。因此，設計師建議考量到縮小後仍須比較醒目，還是以第二張為佳！此外，在設計圖檔時，也許無法盡如人意：這個節目因為要訪各行各業有故事的人，向他們探究許多世間事，將他們視為寺廟裡的大佛，需要「擲筊」問事。因此，原先想將「擲筊」做為主視覺，卻苦於找不到免費又可愛的圖，總覺得怎麼放、怎麼怪，只得忍痛放棄，求取最終完整性的美麗。

此外，圖檔製作最好多設計幾組概念，讓團隊夥伴票選。這樣可以激發更多靈感，解決單打獨鬥的盲點和困境。

有些擅長美圖製作的 Podcaster 會將圖檔依每集不同的內涵，更改重製。讓不少粉絲感受到節目製作團隊的用心！不過也要提醒大家，在重製圖時，仍要將核心元素（或同一風格）放在照片裡，以安定粉絲。有次我以電台主持人黃丹的身分去參加《偽學術｜認真聽》的節目，討論「日本的死亡之旅」。李長潔老師製作的圖檔即是很好的例子，他將每次探討的主題畫面擺放在粉絲面前，加深大家對不同話題的了解。不變的是他與受訪者對談的身影，相當有趣，吸引不少人點閱收聽！

我們在這集討論了
社會學家的古墳之
旅

接著第二集探討
日本古墳的模樣

緊接著推出
京都魔界的文化考
察

最後探討了
京都的地獄觀

❷ 製作標題與單集介紹

　　在標題、單集介紹與感謝來賓並進行連結的貼文上，放上當時熱門話題與新聞中常出現的詞彙，以便於聽眾能夠在搜尋引擎上快速找到你！這當然不是要你硬將主題內沒談到的東西與熱門關鍵字牽連在一起，而是希望在進行每集的主題企劃時，便能先想想，這些話題如何引起大家注意？能不能在開頭先談談最近的時事？再理所當然地在標題上的主題與熱門話題，以最簡單的方式相連在一起（標題言簡意賅，不要超過一行）！至於可不可以用表情符號？我建議除非它是第 0 集（比如股癌 EP1 ｜（＊ω）ˋ—ˊ ）做實驗，或是你已經紅了，否則並不推薦！

　　除了在 Podcast 平台上，你還**需要有節目的整體介紹，每集推出亦需製作單集介紹**。進行整體介紹的時候，我建議你用最精煉的詞，說出最具體的大致內容走向，以及為什麼它值得聽眾收聽！類似於前面邀訪來賓時所寫的 mail，裡面的節目介紹，再結合第 3 部分寫企劃時的技巧，進行修飾。

　　這點可以用電梯簡報來練習！想像一下，自己遇到了投資人，你跟他共同搭乘一台電梯，短短 30 秒鐘，只靠言語讓他對你從陌生到願意贊助！一開始，你必須引起對方的注意！接著將想法濃縮成精華，有效的把重點重擊在對方的心上！切記，不是要你說得多，而是讓對方對你產生好奇！拋出主旨後，要讓對方仍對你留有懸念，才有進一步找你的後話。

至於單集介紹，同樣內容不需太多，但是務必做到以下四點：

痛點

你要明白的讓聽眾知道：如果沒有收聽這集節目，他將可能會有什麼損失，營造出讓聽眾害怕自己會有所不足的感受就對了。但請**用親切的說明代替恐嚇！**比如：你有什麼最新的資訊、重要的消息等等。

爽點

讓你的聽眾獲取即時的滿足。讓他們知道聽這集節目將立刻獲得哪些有用的訊息或知識。

癢點

你要使用精神感召對聽眾搔癢癢，讓你的聽眾知道，聽了這集節目，代表他們正屬於哪一種人，滿足他們對於自我的期待。打個比方，你可以營造出節目相當時尚，聽這集節目的人都是時尚擔當！或是你的節目屬於文青掛，聽你這集節目的人都是文青。又或是愛護環境的環保人士，一定要收聽這集節目……。

甜點

清楚明白讓聽眾知道，收聽這集節目，他能夠得到什麼

附加價值？可能是紀念品的抽獎機會？有機會進行實體的互動與見面會？你可以多鼓勵他們留言，並在節目中使用他們的留言，讓他們感受自己上節目的氛圍，同時又拉近你們的感情！

7-3))

小心黑天鵝！

Podcast 目前仍是等待眾人做實驗、多多開發的自由之境。不過，在本書最後，還是要提醒你小心黑天鵝的降臨── Podcast 的法律問題！

2020 年 1 月 31 日，Podcast 知名節目《Mordpodden》被判決侵害作家撰寫的《壁爐謀殺》著作權，處以中等程度罰金！原書是對犯罪者的真實採訪，許多內容在書本創作出來前，並無人知曉。後來《Mordpodden》引用改寫了這本書 50% 的內容，被一狀告上了法院。所幸，被告在該集節目尾聲提及了瑞典作者的姓名，因此即便檢察官認為「**應從頭到尾明確表示瑞典作者姓名**」，但關於〈著作人的姓名表示權〉這條法令還算勉強過關。

無獨有偶，另一個談論真實犯罪的 Podcast 節目《Svenska Mordhistorier》也因大量重製新聞、部落格文章而備受抨擊，最終以刪除 100 多集節目，暫時平息眾怒。可見，這**不僅是法律的問題，也是道德、觀感與名聲的問題！**

除了節目內容有法律疑雲罩頂外，在 Podcast 上發表混搭歌曲同樣有行為瑕疵，恐有見官司的疑慮。

在台灣，侵害著作權便能惹上民事與刑事責任。例如口述他人的故事，一旦被告，便觸犯了〈公開口述權〉。依《著作權法》第 92 條規定：「擅自以公開口述、公開播送、公開上映、公開演出、公開傳輸、公開展示、改作、編輯、出租之方法侵害他人之著作財產權者，處三年以下有期徒刑、拘役，或科或併科新臺幣七十五萬元以下罰金」。最重，還能判三年有期徒刑。

那麼，**只放幾秒鐘可以嗎？答案是否定的！**所以，在重製他人的內容、音樂等之前，請先取得當事人的同意（**最好能取得白紙黑字的證明**），否則都是相當危險的事情！

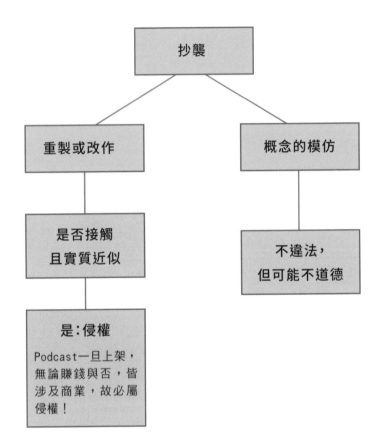

抄襲

重製或改作

概念的模仿

是否接觸
且實質近似

不違法，
但可能不道德

是：侵權
Podcast一旦上架，
無論賺錢與否，皆
涉及商業，故必屬
侵權！

那麼，我們如果想要使用圖片與音樂，該怎麼辦呢？其實你可以尋找網路上免費的圖檔與音樂、音效來使用！只要注意它有沒有〈創用 CC 授權條款〉內的版權標記！創用 CC 授權要素包括了以下（可上台灣創用 CC 計劃進一步了解）：

姓名標示	非商業性	禁止改作	相同方式分享
必須按照著作人或授權人所指定的方式，表彰其姓名	您不得因獲取商業利益或私人金錢報酬為主要目的來利用作品	您僅可重製作品，不得變更、變形或修改	若您變更、變形或修改本著作，則僅能依同樣的授權條款來散布該衍生作品

此外，提供兩個好用的免費資料庫：

❶ 20 個免費下載創用 CC 授權音樂的網站彙整

https://free.com.tw/creative-common-music-download/?amp

❷ 46 個免費圖庫總整理，高品質 CC 授權圖片

https://www.bnext.com.tw/article/54056/free-image-sources

另外，在節目中任意罵人也是不行的，將會觸犯〈公然侮辱罪〉：「沒有具體事實而在衆人面前謾罵對方，以致貶低他人之人格。」無法證實「你罵的是對的」，就會被罰！雖然法官、檢察官各自心證不同，約略的「罵人價目參考表」可以先供大家參考。希望大家在節目中罵人前，三思啊！

	用詞	罰款金額	法官罰款說明
1	更年期到了	判賠 2 千	涉嫌公然侮辱
2	賤貨	判賠 3 千	名譽受損
3	米蟲	判賠 6 千	公然污辱罪
4	王八蛋	判賠 1 萬	法官認為罵人屬實，侵害名譽權
5	不要臉髒東西	判賠 2 萬	公然污辱罪
6	你去吃屎啦	判賠 2.5 萬	公然侮辱，身心受創，要到醫院就診
7	敗類	判賠 3 千	法官認為確實貶損當事人的人格評價

8	智障	判賠 5 萬元	損害大於口語以精神撫慰金 5 萬元為適當
9	賤人就是矯情	判賠 5 萬元	公然侮辱應賠償精神損失
10	頭殼裝屎	判賠 5 萬	造成身心俱疲、憂鬱症，精神撫慰
11	白痴	判賠 5.5 萬	身心疾病復發，公然侮辱罪
12	婊子	判賠 6 萬	名譽受損，精神耗弱
13	下流	判賠 6 萬	有輕蔑之意，構成公然侮辱罪
14	幹 X 娘	判賠 8 萬	公然侮辱罪
15	死番仔	判賠 10 萬	踐踏人格損及人性尊嚴侵害名譽權
16	人渣公務員	判賠 30 萬	侵害對方名譽，精神上受到相當痛苦
17	神經病	判賠 30 萬	公然侮辱無罪，民事求償定讞
18	特殊性關係	判賠 100 萬	加重毀謗罪，四大報頭版道歉一天

7-4))

國內外知名 Podcast 成功心法

　　整體而言，現階段 Podcast 節目所面臨之困境首重為聽眾群難以拓展，因此節目製作的策略主要採取多角製作方式，透過邀請各行各業的專家名人上節目，不僅可豐富節目的題材和內容，也藉來賓的知名度帶動節目的收聽量。此外，用心設計吸睛且具意象的頻道形象 Logo，以引起聽眾的好奇心及收聽欲望，並積極地在節目官網、社群網站以及 Podcast 平台上廣為宣傳，如此不僅可以提升與固定聽眾的互動，凝聚受眾的向心力，也可以透過多元的管道，拓展新的客群。建議每次上傳節目時，事前可以在相關社群網站如 Facebook、Twitter、Instagram 等發布短片或照片花絮作為宣傳，之後再放上完整的節目網址和收聽管道，如此便可讓聽眾印象深刻，達到宣傳效果。

▶ 善加利用社群媒體經營

　　善用社群媒體經營是國內節目的特色。《呱吉》的主持

人本身就是以拍攝 YouTube 節目起步，累積一定的流量之後，將人氣進一步帶入 Podcast 當中，除了在兩個平台上放上直播內容外，亦會開設出各種新單元，提供粉絲更多元的資訊。《婊姐必請》也是由部落客丹尼婊姊跨越不同的平台所製作的節目，她善於使用各種社群管道進行露出，團隊依據 Podcast 平台特性製作內容，透過訪談來賓提供聽眾新知。《呼叫她的男人》（*Call Her Daddy*）以談論女性情慾的私密話題受到聽眾歡迎，主持人說話風格辛辣且敢於挑戰一般世俗的底線，鼓勵粉絲勇敢做自己，無須畏懼外界的眼光，帶起一股潮流。

呱吉本名爲邱威傑，最初是一位知名的直播主，成立影片製作工作室，於 2015 年 12 月創建 YouTube 頻道《上班不要看》。內容以具創意的主題、無厘頭的搞笑、作風大膽的內容受到網民歡迎，目前擁有約 82 萬的訂閱數；2018 年更參選市議員並順利當選，成爲第一位進入政壇發展的 YouTuber。有鑑於近期 Podcast 頗受歡迎，他積極跨入這個領域，建立《呱吉》節目，一方面將過去部分網路直播的內容放到平台上，同時也開設新的單元如「新資料夾」系列，談論各種社會議題及時事。呱吉本來在網路上就累積了相當高的知名度，轉移至 Podcast 也獲得相當高的下載量，收聽率長期位居 Podcast 排行榜上的前五名。

◉ 以多元管道上架節目內容

近期節目系列單元以「呱吉直播」及「新資料夾」為主，前者是呱吉在個人 YouTube 頻道《呱吉》所作的直播，將聲音的部分放上平台，後者則是他與助理采翎兩人共同搭檔演出，以聊天的方式，透過幽默風趣的互動，討論、點評各種新聞時事或社會熱議的話題。另外也有「人生晚長系列」乃是他將個人直播內容加以記錄，後來也會持續新增不同的單元。整體而言，這個頻道的內容題材包羅萬象，從議題評論、名人專訪、音樂賞析等都有，尤其是呱吉本身就具備政治人物的身分，時常會針對社會議題作回應，聽眾也想知道他個人對於重要政策的立場為何，而頗受外界矚目。

最初呱吉決定開設 Podcast 節目，主要是為了讓粉絲可以更方便地離線聆聽過去的直播內容，頻道上架較為經典且具紀念意義的內容，和之前一些受限於版權因素而在 YouTube 下架的影音直播，例如「52Hz 的電波」。儘管多數系列的內容並非以專業性的知識取向為主，而是以其個人觀點及經驗來討論社會及文化議題，但因為國內的民眾對於政治有高度熱情，普遍喜好時事、新聞類的節目，加上他主持時的口條很好，不時帶入網路上所流行的梗，讓聽眾能抱著輕鬆的心情來收聽節目。

呱吉主要採取非常平易近人的主持方式，將節目風格設計成如同與朋友一般談天說地，他也會透過自己的人脈邀請各領域中的專家、名人上直播節目閒聊、談心；此外，因同時具備市議員身分的他有時也會在節目上與大家討論各項市政議題，或是關於政治上的觀點、意見。因此在節目宣傳上，積極善用身處知名網紅與政治人物的位置，有時還會在YouTube 頻道《上班不要看》的節目中客串一角拍攝影片。透過多元的宣傳管道、充分利用社群媒體保持個人的露出。此外，也將每週晚上進行的網路直播轉傳到 Podcast，內容為回顧每個禮拜發生的大事，當然如果事件與台北市的市政相關，他也會詳細說明其中的政治眉角，讓聽眾能了解政策推動的進度，和可能遇到及需要協調的各種問題，各黨派、議會運作的狀況，還能夠藉由節目監督市政府施政情形。

　　另一方面，隨著 Podcast 節目產製原生內容「新資料夾」單元的開立，以聲音為主的平台特色使得節目需要以更豐富的訊息加以填滿。網路影音短片並不適合直接轉換成 Podcast 的內容，他決定找來助手采翎一起同台，以對話的方式引導出各種充滿新鮮有趣的奇聞軼事，採取不同的角度進行分析，並非只是閒聊些沒有意義的內容，在說笑話之外仍須含有豐富的資訊，協助聽眾學習不同的見解，進而激發出不同的思維。

▶ 不同平台應給予不一樣的內容，以滿足不同類型的閱聽眾

　　網紅丹妮婊姐過去以美妝部落客發跡，主要分享自身使用女性化妝品的心得。因為個性直率、發言時常語出驚人，及嗆辣的內容在網路上獲得大量關注，她以對日常生活周遭發生的事物有獨到的觀點和見解而頗受歡迎。丹妮婊姐的臉書專頁追蹤人數已超過 42 萬人、部落格超過 2000 萬觀看人次，Instagram 粉絲人數達 13.3 萬。此外，經營 YouTube 頻道《丹妮婊姐星球》，訂閱數達 30 萬，同時也是另一個頻道《綜口味娛樂》的主持人之一。看上她的網路高度人氣，Podcast 平台 SoundOn 邀請她於 2019 年 9 月主持 Podcast 談話節目《婊姐必請》，該節目並未設計對特定的題材進行討論，每集邀請來賓上節目閒聊不同的主題，長度大約半小時左右，非常適合聽眾在上下班通勤時收聽，最高成績在 Apple 的 Podcast 排名第六，平均單集下載量約 4 萬次。

　　丹妮婊姐主持的風格以敢說、沒有尺度為主，特色為內容勁爆、無顧忌，與來賓閒聊的範圍從男女愛情、名人專訪、私密性事、算命風水等，葷素不忌；尤其是她常常邀請知名的人事上節目進行訪談，包括歌手、演員、網路紅人、作家、醫生等，採取誇大的手法、幽默的腳本、靈巧的結構及角色的刻畫，進而引導聽眾對於醜的、荒謬的予以盡情嘲笑、揶揄；

但她也會對人生美好的理想予以期待。婊姐因其詼諧的作風與直率的話語，吸引了不少聽眾上線收聽，節目娛樂效果十足，在高談闊論的同時，直接滿足聽眾對新知的渴望。

長期經營部落客的丹妮婊姐很早就培養出一群死忠的粉絲，後續隨著民眾媒體使用習慣的改變，她開始拍攝 YouTube 影片，或是近期起步投入的 Podcast 市場，善用多樣的宣傳管道，利用各種社群媒體進行露出，因此 Podcast 節目仍可維持一定程度的流量，網路上的討論仍然能夠維持熱度；特別的是，她不會將自己拍攝的 YouTube 影片直接放到 Podcast 平台上。團隊會依據不同的平台特性分別製作出不同類型的內容，在 YouTube 個人頻道上是以個人脫口秀的方式，通常是跟觀眾談一談自己，或是她對於某些事物的看法，不時會夾雜一些笑點及觀念；至於 Podcast 則是以訪談來賓為主，透過與受訪者的對話，提供多元的新知。此種作法滿足了不同類型使用者的需求，讓粉絲自行依據喜好挑選適合媒體。

近期由 27 歲的 Alexandra Cooper 和 26 歲的 Sofia Franklyn 兩人主持每週一次的 Podcast 節目《呼叫她的男人》（*Call Her Daddy*）掀起了一股熱潮，她們在節目中討論紐約市裡的夜生活和性經驗，強調內容為未經審查、最真實的女性更衣室談話。自推出後的兩年以來，該 Podcast 已經擁有了眾多的忠實擁護者，並在 Apple 的 Podcast 排行榜上竄升至第二十

位。Franklyn 和 Cooper 自 2018 年起開始錄製節目，兩人在酒吧裡「坦率地談論著性事」，吸引觀眾收聽。經由一個共同朋友介紹，回到紐約，錄製了第一個 Podcast 節目，並獲得了 Barstool Sports 的邀請，成為全職的主持人。

▶ 成立專屬粉絲團，只開放給部分粉絲加入

如同節目宣傳 Slogan 所描述的，觀眾可以：「跟隨著主持人一起探索生活中的大小事，會讓你對自己的生活感到非常滿意。人際關係、性愛、社交場合、重要時刻等，都可以在這上面找到」。而「Call Her Daddy」這個名字指的是如何扭轉面對男人的劣勢並進而占上風；第一集的開場就是主持人直率的討論前幾天晚上，當時 Franklyn 和 Cooper 在下東城的公寓裡喝了點威士忌，並對 Cooper 的新戀情交換了一些挑逗訊息。當 Cooper 睡著之後，Franklyn 繼續進行這段限制級的談話。

當聽眾初次收聽這個節目時，想法可能會充滿批評和誤解，這兩個女人的聲音在你的耳邊高亢且充滿活力，彷彿她們在節目開始之前已經先喝了好幾瓶提神飲料。該 Podcast 的獨特之處在以幽默的方式談論不尋常的話題，儘管最初對於節目的印象並不好，但戴上耳機幾分鐘之後，你可能會在陌生人

面前開始瘋狂大笑，自己卻沒有意識到。《呼叫她的男人》在 Podcast 中算是既創新又成熟的頻道，內容包括各種有趣的風流韻事，有時只是一些徹頭徹尾、歇斯底里的故事，其中大部分提供給女性聽眾的訊息以性事為主，兩人在劇中描述的多數尷尬時刻都是在談論某些人可能認為是禁忌的話題，卻是在一個有趣的背景下進行的，這使得節目更加平易近人。

節目由兩名女性主持，並且表明目標受眾嚴格來說是女性，但事實並非如此，雖然大部分的內容都是提供給女性有關性愛和浪漫的建議，但也致力嚴厲地批判男人，並在約會現象中提供建議。透過她們自身經歷和匿名朋友提供的搞笑故事和祕訣，女孩們談論著如何在兩性關係方面維持恰當的控制，以及她們相信每個人都應該保持信心驕傲地炫耀自己。這個頻道之所以能在其他競爭激烈的 Podcast 中脫穎而出，就是因為主持人辛辣的風格以及敢於挑戰各種禁忌的話題。

此外，兩人還成立了「Daddy Gang」臉書粉絲團進行宣傳，作為凝聚聽眾的向心力，隨時提供各種第一手消息，告知粉絲有關兩性關係、性事、衣服穿著以及相關的一切，想要加入成為臉書的一員，必須證明自己是名狂熱的《呼叫她的男人》粉絲，先回答一些問題避免黑特和酸民在其中破壞或引戰。所謂的「Daddy」在這裡意指能夠意識到自己獨特的價值並加以展開具體行動的人，這可能意味著對別人傳來的訊息已讀不回或是在 Instagram 上發布專屬照片、展現真實的自我。

7-5))

開始成為 Podcaster！

製作四步驟	準備麥克風錄製節目
	用軟體進行剪輯後製
	將音檔上傳到hosting服務商，產生RSS feed
	將RSS feed提供給各大串流平臺審核，通過後節目即上架 ・七大Podcast節目平台 ・Apple Podcast（iPhone手機內建APP） ・Google Podcast（Android手機） ・Soundon（台灣新創平台） ・Firstory（台灣聽／製作Podcast平台） ・Baabao（台灣八寶網路廣播） ・Soundcloud

此外，你還必須認識 Podcast 的營利模式：

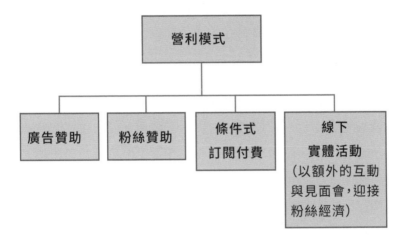

謝誌

———————

感謝城邦出版社，讓我有機會與老朋友、新朋友共聚在此。感謝本書中出現的智者們（我生活中最棒的恩師夥伴），給予我豐富的生活靈感！感謝我的母親，一直陪在我的身旁，為我加油打氣！成書過程中，她因盲腸潰爛而住院。感謝家人、禮詩哥與朋友們的關心，你們即時的慰問，是我最堅實的後盾！亦同步感謝最貼心的看護紅豆阿姨，讓我無後顧之憂的全力衝刺！

感謝我一輩子的恩師彭懷恩教授、黃肇松教授、陳清河教授與警專前校長陳連禎，他們的智慧會一直出現在我往後的所有著作中。感謝秦琍琍教授在我博士生生涯裡給予的知識薰陶與人生指引，這對我而言，一輩子受用。感謝世新大學傳播學院院長胡光夏曾給予我在世新大學帶廣播龍的機會；感謝世新大學口語傳播暨社群媒體學系系主任胡全威給了我現在在世新授課的機會，這些與年輕學子的互動經驗，讓我能夠更理解這個改變中的世界！另外，特別感謝蘇建州教授，是您將我往新媒體世界大力堆了一把！開拓我眼前的視界，讓我的生活更加「聲」動有力！而世新大學終生教育學院的范惠婷主任、全媒體同仁，亦陪伴我不斷開設、鑽研新媒體課程，為我增加許多經驗值，同樣感謝！當然，同步感謝世新大學終生教育學院劉峰旭院長，堅持今年的課程繼續開辦，

我會更加用心與努力的！感謝世新大學傳播博士班所有老師的栽培，尤其是黃鈴媚教授總在我人生轉折處，給予最溫暖與智慧的勸勉與指引。

亦感謝約翰學長讓我交到了值得深交的新朋友——胡家紋教授！她讓我有機會在台灣科技大學與更多的夥伴分享新媒體傳播。家紋老師的熱情與教學創新，是我極佳的效法對象。

最後，感謝多年來一直包容我的教育電台，以及給我許多新的思想激盪的山海論壇夥伴——臺灣警察專科學校海巡科主任張瓊玲老師總讓我倍感溫馨。還有，不能忘了我最重要的左右手、好朋友李婉慈，因為你的諸多幫助與陪伴，才能完成此書。而愛旅行的社會學家暨僞學術創辦人李長潔助理教授，您與設計師李艾潔、臺灣通傳智庫助研究員梁曼嫻是我愛智之旅不可少的最佳夥伴！最後，還要感謝我的學生們，這本書是我與你們過往在課程中互動的結晶，沒有你們，便沒有這本書！

附帶一提，晴川禾悅眞的是寫書的好地方！不過，我希望下回去那裡，是和民宿老闆娘一塊玩桌遊，而不是寫著我的愛書啦！

黃采瑛 謹識

於台北市文山區喵吱街 2021 年 3 月 7 日

Podcast 超級養成術：

專家級實例解密，從內容策略、聽眾定位到主持風格，量身打造你的 No.1 人氣節目

作者	黃采瑛、徐也翔
責任編輯	陳姿穎
內頁設計	江麗姿
封面設計	任宥騰
行銷企劃	辛政遠、楊惠潔

總編輯	姚蜀芸
副社長	黃錫鉉
總經理	吳濱伶

發行人	何飛鵬
出版	創意市集
發行	英屬蓋曼群島商家庭傳媒股份有限公司
	城邦分公司
	歡迎光臨城邦讀書花園
	網址：www.cite.com.tw

展售門市　台北市民生東路二段 141 號 7 樓
製版印刷　凱林彩印股份有限公司
初版一刷　2022 年 7 月

I S B N　978-986-0769-81-4
定價　　　360 元

香港發行所 城邦（香港）出版集團有限公司
香港灣仔駱克道 193 號東超商業中心 1 樓
電話：(852) 25086231
傳真：(852) 25789337
E-mail：hkcite@biznetvigator.com

馬新發行所 城邦 (馬新) 出版集團
Cite (M) SdnBhd
41, JalanRadinAnum, Bandar Baru Sri
Petaling, 57000 Kuala Lumpur,Malaysi
電話：(603) 90578822
傳真：(603) 90576622
E-mail：cite@cite.com.my

若書籍外觀有破損、缺頁、裝訂錯誤等不完整現象，想換書、退書，或您有大量購書的需求服務，都請與客服心聯繫。

客戶服務中心
地址：10483 台北市中山區民生東路二段 141 號 2F
服務電話：（02）2500-7718、（02）2500-7719
服務時間：週一至週五 9：30 ～ 18：00
24 小時傳真專線：（02）2500-1990 ～ 3
E-mail：service@readingclub.com.tw

國家圖書館出版品預行編目資料

Podcast 超級養成術：專家級實例解密，從內容策略、聽眾定位到主持風格，量身打造你的 No.1 人氣節目！/ 黃采瑛, 徐也翔著. -- 初版. -- 臺北市：創意市集出版：英屬蓋曼群島商家庭傳媒股份有限公司城邦分公司發行, 2022.07
面；　公分

ISBN 978-986-0769-81-4(平裝)
1.CST: 廣播節目製作

557.766　　　　　　　　　　　111000764